KB272936

Gespräche

대화극

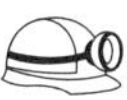

Gespräche

칼 슈미트   조효원 옮김   문학과지성사

옮긴이 조효원

미국 뉴욕대(NYU) 독문과에서 바이마르 정치신학에 대한 논문으로
박사학위를 받았고, 서강대 유럽문화학과를 거쳐 현재
연세대 독어독문학과 교수로 재직 중이다.

채석장

대화극

제1판 제1쇄 2026년 1월 2일

지은이 칼 슈미트
옮긴이 조효원
펴낸이 이광호
주간 이근혜
편집 최대연
펴낸곳 ㈜문학과지성사
등록번호 제1993-000098호
주소 04034 서울 마포구 잔다리로7길 18(서교동 377-20)
전화 02)338-7224
팩스 02)323-4180(편집) 02)338-7221(영업)
대표메일 moonji@moonji.com
저작권 문의 copyright@moonji.com
홈페이지 www.moonji.com

ISBN 978-89-320-4509-2 93300

이 번역은 2025년 연세대학교 인문 사회 창의 연구사업
연구비의 지원을 받아 수행된 것임(2024-22-0578).

차례

일러두기

1. 이 책은 대화 형식으로 쓰인 칼 슈미트의 *Gespräch über die Macht und den Zugang zum Machthaber*(Klett-Cotta, 2008)와 *Gespräch über den Neuen Raum*(Duncker & Humblot, 1995)을 한 권으로 엮은 것이다.

2. 이 책의 각주와 본문 속 대괄호([ ]) 설명은 모두 독자의 이해를 돕기 위해 옮긴이가 붙인 것이다.

3. 인명/지명의 표기는 국립국어원의 외래어표기법을 원칙으로 하되, 일부는 현지 발음 및 국내에 통용되는 관례 등을 고려해 예외를 두었다.

권력과 권력자에 이르는 통로에 대하여

권력과 권력자에 이르는 통로에 대하여

당신들은 행복한가?

우리는 강력하다!¹

—바이런 경

대화 참여자:

J. (젊은이, 질문자)

C.S. (응답자)

막간극은 제삼자가 낭독할 수 있음.

J. 이제부터 권력에 관하여 선생님의 말씀을 듣게 될 텐데, 그전에 먼저 한 가지 여쭙고 싶은 게 있습니다.

C.S. 물어보시지요, 젊은 선생.

J. 선생님은 스스로 권력을 갖고 있다고 생각하십니까, 아

---

1   Lord Byron, *The Major Works*, Oxford: Oxford University Press, 2000, p. 887. 해당 제사는 바이런의 희곡 『카인』(1821) 제1막 1장에 나오는 대사(123~24행)이며, 루시퍼와 카인의 대화 중 한 구절이다. 슈미트는 여기서 질문하는 자와 대답하는 자, 즉 카인과 루시퍼의 이름을 생략한 채 인용하고 있다. 이 의도적 생략은 그것 자체로 까다로운 해석학적 질문을 유발하는 행위라고 할 수 있다.

니면 권력이 없다고 생각하십니까?

C.S. 아주 적절한 질문이네요. 권력에 대해 말하려는 사람이라면 응당 그 자신이 어떤 권력 구도Machtlage 안에 있는지를 먼저 밝히는 게 맞습니다.

J. 그렇습니다! 선생님께서는 권력을 가지셨습니까, 아니면 권력이 없습니까?

C.S. 저에게는 권력이 없습니다. 저는 권력 없는 자들에 속합니다.

J. 그건 좀 미심쩍은데요.

C.S. 어째서 그렇지요?

J. 만약 그렇다면 선생님께서는 권력에 대해gegen [부정적인] 선입견을 갖고 계신다고 볼 수 있을 테니까요. 분노, 노여움Verbitterung, 원한 등은 역겨운 오류의 원천입니다.

C.S. 그러면 내가 권력을 가진 자들에 속한다고 말한다면 어

떻습니까?

J.   그렇다면 선생님께서 권력을 향해für [긍정적인] 편견
      을 가지셨다고 보겠지요. 권력을 쥐고 흔드는 데 관심을
      두는 것 역시 당연히 오류의 원천이니까요.

C.S. 그렇다면 권력에 대해 말할 권리를 가진 사람은 대체 누
      구일까요?

J.   바로 그걸 선생님께서 말씀해 주셔야 합니다!

C.S. 이렇게 말해보겠습니다. 아마 또 하나의 다른 입장이 있
      을 거라고요. 아무런 이해관계 없이 관찰하고 서술할 수
      있는 입장 말입니다.

J.   제삼자 혹은 자유롭게 유동하는 지식인Intelligenz의 역할[2]
      같은 걸 말씀하시는 건가요?

C.S. 첫번째 입장의 지식인도 있고, 두번째 입장의 지식인도

---

[2]   Karl Mannheim, *Ideologie und Utopie*, Frankfurt am Main: G. Schulte-
       Bulmke, 1969, p. 135. (한국어판: 카를 만하임, 『이데올로기와
       유토피아』, 임석진 옮김, 김영사, 2012, p. 337.)

있지요. 그런 식의 편 가르기Subsumptionen로 [대화를] 시작하지는 않는 편이 좋겠습니다. [그보다는] 우선 우리 모두가 체험하고 또 감내하고 있는 역사적 현상을 똑바로 직시하는 일부터 해보는 게 어떨까요? 결과가 스스로 말해줄 테니까요.

1

J.   네, 저희는 인간이 다른 인간에게 행사하는 권력에 대해 이야기하고 있습니다. 이 가공할 권력, 가령 스탈린이나 루스벨트, 혹은 다른 누구를 거론해도 상관없습니다만, 이들이 다른 수백만의 인간들에게 행사했던 그런 가공할 권력은 도대체 어디서 유래한 것일까요?

C.S.   이전 시대였다면 그 질문에 이렇게 답했을 겁니다. "권력은 자연에서 유래한 것이다. 혹은 권력은 신으로부터 온 것이다."

J.   오늘날 우리에게는 권력이 더 이상 자연스러운 것으로 보이지 않는다는 사실이 저는 두렵습니다.

C.S.   저도 그게 두렵습니다. 오늘날 자연Natur에 대해 우리는 스스로 아주 우월하다고 느낍니다. 우리는 더 이상 자연을 두려워하지 않습니다. 질병이나 자연재해의 경우처럼 자연이 불편한 것으로 여겨질 때, 우리는 곧장 자연을 극복하길 원합니다. 본성상 연약한 생명체인 인간은 기술의 도움으로 환경을 강력하게 제압하며 일어섰습

니다. 인간은 자연과 지상의 모든 생명체를 다스리는 주인이 되었습니다. 이전 시대에 자연이 우리에게 가했던 제약, 추위와 더위, 기아와 기근, 맹수들과 온갖 종류의 위험 등, 자연의 제약은 이제 분명히 자취를 감추었습니다.

J.   맞습니다. 우리는 더 이상 맹수들을 두려워할 필요가 없습니다.

C.S. 헤라클레스의 업적이라 해도 오늘의 우리에게는 다소 만만하게 보일 정도지요. 설령 지금 사자나 늑대가 현대 대도시 [한복판]에 출몰한다고 해도, 기껏해야 교통 체증이 생기는 정도일 겁니다. 어린아이들마저도 별로 놀라지 않을 겁니다. 자연에 대해 인간이 느끼는 우월감은 너무 커서 이제는 자연보호를 위해 생태 공원을 조성할 지경이 되었지요.

J.   그러면 신과의 관계는 어떻습니까?

C.S. 신에 관해서라면, 현대인, 즉 전형적인 대도시 주민들은 자연과 마찬가지로 신도 우리 인간에게서 이미 자취를 감추었거나 [적어도] 사라지는 중이라고 느낍니다.

오늘날 만약 누군가 신의 이름을 입에 올리기라도 하면, 시대에 발맞춘 보통 교육을 받은 사람이라면 [거의] 자동으로 니체의 말Ausspruch을 인용할 겁니다. "신은 죽었다." 다른, 조금 더 지식을 갖춘 사람이라면, 프랑스 사회주의자 [피에르-조제프] 프루동의 말을 인용할 수도 있겠지요. 프루동은 니체보다 40년 먼저 이렇게 주장했습니다. "신을 들먹이는 자는 사기 치는 자다."

J.   권력이 자연으로부터도 신으로부터도 유래하는 게 아니라면, 권력은 대체 어디서 오는 걸까요?

C.S. 딱 한 가지 출처가 남아 있습니다. 한 인간이 다른 인간들에게 행사하는 권력은 인간 자신에게서 유래하는 것입니다.

J.   네, 일단 좋습니다. 어쨌든 우리 모두 인간이죠. 스탈린도 인간이었고, 루스벨트도 인간이었습니다. 다른 누가 됐든 어쨌든 인간이라는 점은 마찬가지일 겁니다.

C.S. 정말 듣기 편안한 말이로군요! 한 인간이 다른 인간들에게 행사하는 권력이 자연에서 유래하는 것이라면, 그것은 새끼Brut를 낳을 수 있는 부모Erzeuger의 권력이거나

[날카로운] 이빨, 뿔, 발톱, 독주머니를 포함한 자연의 무기일 것입니다. [자신이 낳은] 새끼에 대해 부모가 갖는 권력은 논외로 합시다. 그러면 늑대가 양에 대해 갖는 권력이 남습니다. 권력이 없는 인간에게 권력을 가진 인간은 [말하자면] 늑대인 셈입니다. 권력이 없는 사람은 권력을 가질 수 있는 상황, 늑대의 역할을 맡을 수 있는 상황이 되기 전까지는 스스로 양이라고 느끼게 마련입니다. 호모 호미니 루푸스Homo homini lupus라는 라틴어 격언이 의미하는 바가 이것입니다. 우리말로 번역하면, '인간은 인간에 대해 늑대다'라는 뜻이지요.

J.   끔찍하군요! 그러면 권력이 신에게서 유래하는 경우는 어떻게 됩니까?

C.S. 그 경우, 권력을 행사하는 사람은 신의 면모Eigenschaft를 갖춘 자가 됩니다. 권력을 가졌으므로 그는 어떤 신적인 것을 가졌다고 느끼게 됩니다. 그래서 사람들은, 그 사람 자체를 숭배하는 것은 아니겠지만, 어쨌든 그 사람 안에 보이는 어떤 신적인 권능을 숭배하게 됩니다. 호모 호미니 데우스Homo homini Deus라는 라틴어 격언이 의미하는 바가 이것입니다. 우리말로 번역하면, '인간은 인간에 대해 신이다'라는 뜻이지요.

J. 너무 지나친 표현이군요!

C.S. 만약 권력이 자연으로부터도, 또 신으로부터도 유래하는 게 아니라면, 권력과 그 권력을 행사하는 것은 전적으로 인간들 사이에서 벌어지는 일이 됩니다. 그렇다면 우리 인간은 온전히 인간들 사이에서만 [인간으로서] 존재하는 셈입니다. 권력을 가진 자와 권력이 없는 자, 강력한 자와 무력한 자 모두 서로에게 단적으로 그저 인간 대 인간이 되는 것입니다.

J. 그렇군요. '인간은 인간에 대해 인간이다.'

C.S. 호모 호미니 호모Homo homini homo라는 라틴어 격언이 의미하는 바가 그것입니다.[3]

---

3 이 격언의 출처는 16세기 스페인 신학자 프란시스코 데 비토리아 Francisco de Vitoria의 저작이다. 하지만 슈미트는 비토리아의 격언을 축약, 변조해서 인용했다. 라틴어 원문은 이것이다. "Non enim homini homo lupus est, sed homo(그러나 인간은 인간에 대해 늑대가 아니라, 인간이다)." James Brown Scott, *The Spanish Origin of International Law: Francisco de Vitoria and his Law of Nations*, New Jersey: The Lawbook Exchange, Ltd., 2000, p. 145. 참고로 비토리아는 슈미트의 1950년 저서 『대지의 노모스』에서 무려 토머스 홉스보다 더 자주 호명되는 주요 인물이다.

J.   좋습니다. 인간은 인간에 대해 인간입니다. 다른 인간에게 복종하는 인간들이 있고, 오직 복종을 통해서 그들은 그에게 권력을 부여한다는 거죠. 만약 그들이 더 이상 복종하지 않는다면, 그때는 권력도 저절로 중단될 거고요.

C.S.   정확하게 이해하셨습니다. 그런데 그들은 왜 복종할까요? 복종은 임의로 할 수 있는 것이 아닙니다. [반드시] 어떤 동기가 숨어 있는 법입니다. 만약 그런 게 없다면 인간들이 권력에 지지를 보낼 까닭이 있을까요? 어떤 경우에는 신뢰, 또 다른 경우에는 공포가 동기로 작용할 수 있겠지요. 때로는 희망, 또 때로는 절망이 동기가 될 수 있을 겁니다. 하지만 어쨌든 인간들은 항상 보호를 필요로 하고, 권력이 그렇게 해주기를 원합니다. 인간적 관점에서 보자면, 보호와 복종의 연결은 권력을 설명할 수 있는 유일한 방법입니다. 다른 사람을 보호할 수 있는 권력을 갖지 못한 자는 복종을 요구할 권리 역시 갖지 못합니다. 거꾸로도 마찬가지죠. 보호를 구하고 또 받는 사람은 복종을 거부할 권리를 가질 수 없습니다.

J.   하지만 만약 권력자가 법에 위배되는 일을 명령하면 어
        떻게 합니까? 그 경우에는 복종을 거부해야 하지 않을
        까요?

C.S.   당연하지요! 하지만 저는 법에 위배되는 개별 명령에
        관해 이야기하는 것이 아닙니다. 권력자와 권력에 복
        속된 자를 하나의 정치적 단위로 통합하는 총체적 상황
        Gesamtlage에 대해 이야기하는 겁니다. [그러니까] 이런
        거예요. 권력을 가진 자는 끊임없이 어떤 실질적인 동기
        를 부여해야 하지만, 그게 항상 비도덕적인 것일 수만은
        없습니다. [오히려 그것은] 보호와 안전한 실존Existenz
        을 보장함으로써, 교육을 통해 서로 이해관계가 일치단
        결될 수 있도록 해줌으로써만 가능한 일입니다. 요약하
        자면, 합의가 권력을 발생시킵니다. 이건 맞습니다. 하
        지만 [반대로] 권력이 합의를 발생시키기도 합니다. 물
        론 모든 경우에 비합리적이고 비도덕적인 합의를 발생
        시키는 것은 절대 아니지요.

J.   무슨 말씀을 하고 싶으신 건지요?

C.S.   제 이야기는, 권력이 그것에 복속된 모든 사람의 완전한
        동의Zustimmung를 수반하여 행사되는 경우라 해도 여전

히 그것은 어떤 고유한 의미, 이를테면 모종의 초과 가치Mehrwert를 갖는다는 것입니다. 이 가치는 권력에 주어지는 모든 동의의 총합을 초과하고, 또 그 동의가 산출하는 결과물 역시 초과합니다. 한번 생각해 보세요, 오늘날 같은 노동 분업 사회에서 인간이 얼마나 단단하게 사회적 관계망 속에 붙박여 있는지를 말입니다! 앞에서 우리는 자연의 제약이 물러났다는 점을 확인했습니다. 하지만 그 자리에 오히려 더 강력하게 인간을 옥죄는 사회의 제약이 들어섰습니다. 이로 인해 권력에 동의해야 할 동기 역시 한층 강력해집니다. 카롤루스 대제나 바르바로사 황제[4]에 견주자면, 근대의 권력자는 자신의 권력에 대한 합의를 끌어낼 수 있는 수단을 그야말로 무한대로 소유하고 있습니다.

4 　바르바로사는 '붉은 수염'이라는 뜻으로, 1122년에 태어나 1155년부터 1190년까지 신성로마제국의 황제로 재위한 프리드리히 1세의 별칭이다.

3

J. 오늘날의 권력자는 무엇이든 원하는 대로 다 할 수 있다는 그런 말씀일까요?

C.S. 그 반대입니다. 제가 하려는 이야기는 다만 권력이 하나의 고유한, 독립적인 위대성Größe이라는 것입니다. 그러니까 스스로 창조한 합의로부터도 독립적이라는 말이지요. 그리고 이제부터 권력이란 심지어 권력자로부터도 독립적이라는 것을 보여드리려고 합니다. 권력을 손에 쥔 모든 개별 인간에 대해 권력은 객관적이고 자율적인eigengesetzlich 위대성으로 나타납니다.

J. 그런데 여기서 객관적이고 자율적인 위대성이라는 것은 무슨 뜻입니까?

C.S. 그것은 아주 구체적인 것을 뜻합니다. 제아무리 무서운 권력자라 해도 인간 신체의 한계에 매여 있다는 사실, 인간 지성의 결함과 인간 영혼의 나약함에 매여 있다는 사실은 명백하지 않습니까. 가장 강력한 인간이라 해도 다른 모든 인간처럼 [어쨌든] 먹고 마셔야 하는 겁니다.

그도 늙을 것이고, 또 아플 겁니다.

J.　　하지만 현대 과학은 인간 본성의 제약을 극복할 수 있는 놀라운 수단들을 제공하고 있지 않습니까.

C.S.　물론입니다. 권력자는 가장 유명한 의사와 노벨상 수상자를 불러들일 수 있습니다. [몸에 좋은] 주사를 다른 누구보다 많이 맞을 수도 있을 테고요. 그럼에도 불구하고, 몇 시간 동안 일을 하거나 나쁜 짓을 하고 나면, 그도 피곤해질 것이고 잠을 자야 합니다. 저 끔찍한 카라칼라, 저 용맹한 칭기즈칸조차 [장시간 일을 한 다음에는] 어린아이처럼 곯아떨어지기 마련입니다. 어쩌면 코도 골았겠지요.

J.　　모든 권력자가 항상 유념해야 할 모습이군요.

C.S.　아무렴요. 철학자, 모럴리스트, 교육학자, 수사학자 들은 거듭해서 그 모습을 묘사했습니다. 그렇지만 이 이야기를 계속하는 것은 관두도록 합시다. 딱 한 가지만 더 언급하고 싶은데, 그것은 순수하게 인간적인 권력을 다룬 모든 철학자 중 가장 근대적인 철학자, 영국인 토머스 홉스가 국가 구성의 문제를 설명할 때 모든 개별 인

간의 보편적 나약함에서 출발했다는 사실입니다. 홉스의 설명은 이렇습니다. "결함 때문에 공포가 생기고, 공포 때문에 안전에 대한 욕구가 생기며, 거기서 다시 안전을 보장할 수 있는 이런저런 복잡한 조직의 필요성이 생긴다." 하지만 그 모든 보호 조치에도 불구하고 누구라도 적당한 기회만 있으면 다른 누구든 죽일 수 있다고 홉스는 말합니다. 유약한 남자가 가장 힘세고 강력한 남자를 처리할 수 있는 그런 상황을 맞닥뜨릴 수 있다는 겁니다. 이 순간에 [모든] 인간은 정말로 평등해집니다. 그러니까 모든 사람이 서로 위협이 되고 또 위험해질 수 있다는 점에서 말입니다.

J. 별로 위안이 되는 말은 아니군요.

C.S. 위로를 드리거나 근심을 안기려는 의도는 없었습니다. 저는 다만 인간 권력을 객관적으로 그려 보이고 싶었을 따름입니다. 여기서 물리적 위험이란 그저 너무 터무니없는 경우라서, 결코 일상적인 사례라고는 할 수 없지요. 지금 대화의 주제에 집중하기 위해서는 [차라리] 모든 개별 인간의 좁은 한계가 초래하는 다른 결과에 대해 이야기하는 편이 낫겠군요. 그러니까 권력자 자신조차 어쩔 수 없는 모든 권력의 객관적 자율성, 그리고 권력

자가 된 인간이라면 누구든 불가피하게 휘말릴 수밖에 없는 권력과 무력無力의 내적 변증법을 보여드리기 위해서는 말입니다.

J.　변증법이라니, 이제는 도무지 감조차 잡을 수가 없습니다.

C.S.　어떨지 한번 두고 보죠. 어떤 개인이 한순간에 엄청난 정치적 결정을 내릴 수 있는 권한을 손에 쥐고 있다고 해도 그는 오직 주어진 조건 안에서만, 그리고 주어진 수단을 이용해서만, 자신의 의지를 관철할 수 있습니다. 절대군주조차 [자신에게 올라오는] 보고와 정보에 의지해야 하고, 신하들의 자문을 따라야 할 때가 있지요. 매일매일 엄청난 양의 사실과 보도, 제안과 추측 들이 시시각각 그를 향해 몰려듭니다. 사실과 거짓, 현실성과 가능성이 범람하는 이 무한의 바다에서는 가장 총명하고 또 가장 강력한 인간이라 해도 기껏해야 두어 모금 정도의 물만을 퍼낼 수 있을 뿐입니다.

J.　여기서 절대군주가 지닌 광휘와 곤궁의 민낯이 훤히 드러나는군요.

C.S. 우리가 보게 되는 것은 무엇보다 인간 권력의 내적 변증
     법입니다. 권력자에게 [어떤 현안에 대해] 설명하거나
     모종의 정보를 제공하는 자는 이미 권력에 일정 부분 관
     여하고 있는 것입니다. 그가 부서副署의 책임을 맡은 장
     관이든, 어떤 술수를 써서 간접적인 경로로 권력자의 귀
     에 정보를 흘려 넣는 사람이든, 마찬가지입니다. 한순간
     에 결정을 내릴 수 있는 권한을 가진 개별 인간에게 [자
     신이 원하는 방향으로] 인상을 심어주고 동기를 부여할
     수 있다면, 그것으로 충분합니다. 이런 방식으로 모든
     직접적 권력은 간접적 영향력에 예속됩니다. 이 [구조
     적] 의존성을 [예민하게] 감지하고, 격분했던 권력자들
     이 있었습니다. 이후 그들은 [각 분야에] 관할권을 가진
     상임 고문Ratgeber을 통해 다른 방법으로 정보를 얻으려
     고 노력했습니다.

J.   왕궁Hof 내에서 부정부패를 발견했다면 당연히 그래야
     겠지요.

C.S. 그렇습니다. 하지만 애석하게도 그렇게 함으로써 그들
     은 다시 새로운 의존성, 아니 때로는 터무니없기까지 한
     의존성에 매몰되고 말았습니다. [가령] 칼리프 하룬 알
     라시드는 야음을 틈타 일반 백성의 복장으로 바그다드

의 대폿집에 갔지만, 그곳에서 결국 벌거벗은 진리를 듣게 됩니다. 그렇게 이상한 장소에서 도대체 그가 뭘 보고 들었는지, 또 무슨 술을 마셨는지 알 수 없는 노릇이지만요. 노년의 프리드리히 대제는 [주위 사람에 대한] 불신이 하도 커서 오로지 시종인 프레더스도르프하고만 이야기를 나눴다고 합니다. 그 때문에 이 시종은 아주 영향력이 큰 인물이 되었지요. 물론 대체로 성실하고 충직한 태도로 왕을 계속 섬기기는 했지만요.

J.   다른 권력자들도 운전기사나 애인에게 [곧잘] 휘둘리더군요.

C.S.   바꿔 말하자면, 직접적 권력의 내실內室 앞에는 간접적 영향력과 강제력Gewalt의 대기실이 만들어지게 마련입니다. 권력자의 귀에 닿을 수 있는 통로, 권력자의 영혼으로 이어지는 복도가 생기는 겁니다. 이런 대기실, 이런 복도가 없는 인간 권력이란 존재하지 않습니다.

J.   하지만 합리적으로 제도를 정비하고 규정을 마련한다면, 그래도 어느 정도는 권력 남용을 막을 수 있지 않을까요?

C.S. 막을 수 있고, 또 막아야 합니다. 하지만 그런 대기실 자체를 근절할 수 있을 정도로 지혜로운 제도, 그 정도로 치밀하게 설계된 조직은 존재할 수 없습니다. 문고리 권력Camarilla, 그러니까 대기실[에 앉아 있는 무리]에 대해 아무리 크게 분노를 터뜨린다 해도, 대기실을 완전히 폐지할 수는 없습니다. 대기실 자체를 우회할 방법이 없는 겁니다.

J. 그런데 그런 건 우리가 보통 뒷문Hintertreppe이라고 부르지 않나요?

C.S. 대기실, 뒷문, 중정Umraum, 밀실Unterraum, 뭐라 부르든 좋습니다. 다만 사태 자체는 명백합니다. 그리고 인간 권력의 변증법이라는 관점에서 보면 동일한 사태입니다. 세계사의 흐름에서 보면 이 권력의 대기실에는 [항상] 다양한 인간 군상이 서로 뒤섞여 있습니다. 간접자들die Indirekten이 여기로 모여드는 거죠. 여기서 우리는 [각국의] 각료들과 화려한 제복 차림의 대사들뿐 아니라, 고해 신부, 주치의, 부관, 비서, 시종, 하녀 들까지 [두루] 볼 수 있습니다. 여기서는 저 늙은 프레더스도르프, 프리드리히의 시종이 여제 아우구스타와 나란히, 라스푸틴이 리슐리외 추기경과 나란히, 모종의 막후 인물

이 황후 메살리나와 나란히 설 수 있습니다. 어느 때는 영리하고 지혜로운 남자들, 또 어느 때는 비범한 관리인이나 충직한 도집사Hausmeier, 또 다른 때는 멍청한 야심가와 사기꾼이 이 대기실에 입장합니다. 이따금 이 대기실은 실제로 공식적인 국정 접견실Staatszimmer처럼 쓰이기도 합니다. 고위급 인사들이 다 함께 모여 기다리다가 자신의 접견 순서가 오면 차례대로 나가는 방이죠. 물론 이 대기실은 비공식 회의실로 쓰이는 경우가 더 많긴 합니다.

J.   아니면, 심지어 병실처럼 쓰일 수도 있지 않을까요? 의식 없이 누워 있는 환자 곁에 친구 몇 명이 모여 앉아서 전 세계를 주무르는 그런 병실 말입니다.

C.S. 권력이 하나의 특정 장소, 특정 인간 혹은 특정 집단에 첨예하게 집중되면 될수록, 그만큼 [권력의 내실로 이어지는] 복도의 문제, 통로의 문제는 더욱더 첨예하게 대두됩니다. 또 그런 만큼 대기실을 차지한 채 복도를 통제하려는 자들 사이의 투쟁 역시 더 격렬해지고, 더 지리멸렬해지며, 더 뒤숭숭한 형태로 전개됩니다. 간접적 영향력의 안개로 둘러싸인 이 투쟁은 모든 인간 권력의 본질적인 현상이며, 그런 만큼 불가피한 것입니다.

[바로] 이 투쟁 속에서 인간 권력의 내적 변증법이 실현
됩니다.

J.   하지만 그것은 그저 인격적persönlich 통치의 폐해에 불
      과한 게 아닐까요?

C.S. 아닙니다. 우리가 지금 이야기하고 있는 복도는 [사실]
      날마다 그리고 도처에서 만들어지는 것입니다. 최소한
      의 미세한 자극만 있어도 충분합니다. 크든 작든 인간이
      다른 인간에게 권력을 행사하는 곳이라면 어김없이 복
      도는 만들어집니다. 권력과 공간이 하나로 합쳐지면, 그
      합체의 강도에 따라 즉시 권력의 대기실이 생성됩니다.
      직접적 권력이 강화되면 될수록 간접적 영향력의 세력
      권Dunstkreis 역시 촘촘해지고 단단해집니다.

J.   만약 권력자가 제대로 하지 못한다면, 그런 게 있는 편
      이 오히려 더 좋을 수도 있을 것 같은데요. 아직 잘 모르
      겠습니다, 직접적 권력과 간접적인 것das Indirekte 중에
      어느 것이 더 좋은 건지.

C.S. 여기서 저는 간접적인 것을 인간 권력의 변증법적 발전
      과정에서 불가피한 하나의 단계로 간주합니다. 직접적

권력이 한 개인의 인격에 집중되면 될수록 그만큼 권력자 자신은 고립됩니다. 복도는 그의 발을 땅에서 떼어내 성층권까지 끌어올립니다. 이 성층권에서 권력자는 오직 그를 간접적으로 지배하는 사람들만 상대할 수 있습니다. 반대로 실제로 그가 가진 권력의 영향을 받는 다른 모든 인간을 그는 더 이상 만나지 못합니다. 거꾸로 그들 역시 그를 결코 만날 수 없게 되지요. 극단적인 사례의 경우, 이 사태는 종종 기괴한 방식으로 가시화되기도 합니다. 하지만 그것은 피할 수 없는 권력 장치의 작동으로 고립된 [모든] 권력자가 맞닥뜨리는 결과의 극단적인 한 사례일 뿐입니다. 일상 속의 셀 수 없이 많은 자극을 통해 직접적 권력과 간접적 영향력이 항구적으로 서로 자리를 바꾸는 과정에서도 그것과 동일한 내적 논리가 실현되고 있습니다. 어떤 인간 권력도 이와 같은 자기주장과 자기소외의 변증법을 벗어날 수 없습니다.

막간극: 비스마르크와 포사 후작

복도를 차지하려는, 권력의 정점으로 가는 통로를 차지하려는 투쟁은 아주 치열한 권력 투쟁입니다. 이 투쟁을 통해 인간 권력과 무력無力의 내적 변증법이 실현됩니다. 우리는 어떤 감정도 싣지 않고 어떤 수사도 쓰지 않으면서, 그렇지만 냉소주의나 허무주의로 빠지지도 않으면서, 이 사태가 현실 속에서 펼쳐지는 모습을 있는 그대로 볼 수 있어야 합니다. 이를 위해 저는 두 가지 사례를 통해 이 문제를 구체적으로 보여드리고자 합니다.

첫번째 사례는 헌정사憲政史적 가치를 지닌 문서, 1890년 3월 비스마르크가 [떠밀리듯] 제출한 사직청원서Entlassungsgesuch입니다. 이 문서는 비스마르크의『사상과 회고』제3권에 실려 있고, [정황과 맥락도] 상세하게 기록되어 있습니다.[5] 글의 구성, 어조, 논리 전개, 그리고 어떤 내용이나 사실

---

5   Otto von Bismarck, *Gedanken und Erinnerungen: Reden und Briefe*, Essen: Emil Vollmer, 1998, pp. 484~501. 해당 부분은 제3권 6장이며, 제목은 "나의 사직Meine Entlassung"이다. 영어판 번역자는 이탈리아어판을 참조하여 해당 부분이 제3권 7장이라고 명기했는데, 이는 잘못된 정보다. Carl Schmitt, *Dialogue on Power and Space*, Samuel Garrett Zeitlin(trans.), Cambridge: Polity, 2015, p. 95, no. 27 참조.

을 명시하거나 은폐하는 [논변의] 기술, 이 모든 측면에서 이 문서는 저 위대한 통치술Staatskunst의 거장이 얼마나 철저하게 사유했는지를 유감없이 보여주는 작품입니다. 이것은 비스마르크의 마지막 집무 행위Amtshandlung였으며, 그가 후대에 남길 목적으로 숙고에 숙고를 더하며 구상해 작성한 문서입니다. [이 글에서] 제국의 [실질적인] 설립자, 저 노회한 늙은 제국 수상은 미숙한 후계자, 즉 [프로이센] 왕과 [독일 제국] 황제Kaiser로 [동시에] 즉위한 젊은 빌헬름 2세와 대결을 벌이고 있습니다. 두 사람은 내정과 외교를 막론하고 온갖 문제에 있어서 번번이 견해차를 보이며 날카롭게 대립했습니다. 하지만 해당 사직청원서의 핵심, 즉 [두 사람 사이 논쟁의] 비등점은 순수하게 형식적인 차원의 문제였습니다. 그것은 수상의 경우 이런저런 여러 방식으로 [자유롭게] 보고를 받아도 되지만, 이에 반해 왕과 황제는 오직 특정한 형식에 준해서만 보고를 받아야 한다는 주장을 둘러싼 논쟁이었습니다. 이 글에서 비스마르크는 자신이 누구와 대화하든, 또 누구를 집으로 불러 접대하든, 전적으로 자신의 자유라고 주장합니다. 하지만 왕과 황제에게는 그럴 권리가 없다고 그는 말합니다. 국무총리인 자신이 동석하지 않았을 경우에는 어떤 장관의 보고Vortrag도 받아서는 안 된다는 것입니다. 그러니까 [다른 각료가] 왕에게 직접 보고해도 되는가의 문제가 비스마르크 사직청원서의 핵심 사안이었던 것입니다. 이 문제와 더불어 [독일] 제2제국의 비극이 시작됩니다. 왕에게 직접 보고하는 문제는 모든 군주제의 핵심 문제였습니다. 왜냐하면 그것은 [권력의] 정점으로 이어지는 통로의 문제니까요. 슈타인 남작Freiherr vom Stein 역시 비공식 국무회의에 맞서 싸우느라 모든 기력을 소진하고 말았지요. 권력의 정점으로 이어지는 통로라는 유구하고도 영원한 문제에 직면해서는 저 비스마르크조차 달리 어찌할 도리가 없었던 것입니다.

두번째 사례는 [프리드리히 폰] 실러의 극시劇詩『돈 카를로스』에서 가져와 봅시다. 이 작품에서 저 위대한 극작가는 권력의 본질에 대한 통찰을 보여주고 있습니다. 드라마의 줄거리Handlung는 다음 문제를 중심으로 전개됩니다. '왕에게, 절대군주 필립 2세에게 곧바로 연결되는 통로를 누가 차지할 것인가?' 왕에게 곧바로 연결되는 통로를 차지하는 자는 곧 왕의 권력에 동참하게 됩니다. 그전까지는 고해 신부와 장군인 알바 공작, 이렇게 두 사람이 권력의 대기실을 차지한 채 왕에게 가는 통로를 차단하고 있었습니다. 그런데 이제 제3의 인물인 포사 후작이 출현합니다. 그리고 두 사람은 즉각 위험을 감지하지요. 제3막의 마지막 장에서 드라마는 갈등의 정점에 다다릅니다. 마지막 장의 마지막 대사에서 말입니다. 왕이 명령합니다. "저 기사—포사 후작을 말합니다—는 앞으로 아무 절차 없이 곧바로 짐에게 올 수 있게 하라!"[6] 이 말은 단지 관객에게만 커다란 극적 효력을 미치는 것이 아닙니다. 극에 등장하는 모든 인물에게도 마찬가지입니다. 왕의 이 명령에 대해 알게 되었을 때, 돈 카를로스는 이렇게 말합니다. "그건 정말, 정말, 정말 대단한 일이군요."[7] 고해 신부 도밍고는 두려움에 떨며 알바 공작에게 말합니다. "우리의 시대는 지나가 버렸군요."[8] 이 갈등의 정점을 지나며 드라마는 비극으로 급선회합니다. 위대한 드라마에서 볼 수 있는 격변 Peripetie이죠. 권력자에게 곧바로 연결되는 통로를 찾아낼 수 있었던 탓에 오히려 저 불운한 포사 후작은 최후의 일격을 맞고 쓰러지게 됩니다. 만약 그가 왕의 신임을 잃지 않고 계속 그 자리를 지킬 수 있었다면, 그때 그가 고해 신부와 장군을 어떻게 처리했을지 우리도 알 수 없습니다.

6   한국어판: 프리드리히 폰 실러, 『돈 카를로스』, 장상용 옮김, 문학과지성사, 2008, p. 155. 맥락에 맞게 번역을 수정했다.

7   같은 책, p. 164. 슈미트의 인용 방식에 맞춰 번역을 수정했다.

8   같은 책, p. 211.

4

C.S. 이 사례들에서 아무리 깊은 인상을 받았더라도, 그래도 젊은 J.씨, 지금 이 모든 이야기가 어떤 맥락에서 진행되는 것인지를 잊어서는 안 됩니다. 그러니까 방금 두 사례는 인간 권력의 내적 변증법에 들어 있는 한 가지 계기일 뿐이라는 말입니다. 지금 이 자리에서 동일한 방식으로 논의할 수 있는 다른 여러 질문이 존재합니다. 이를테면 권력 승계Nachfolge라는 무시무시한abgründig 문제가 있지요.[9] 군주적인 방식이든, 민주적인 방식이든, 아니면 카리스마적 방식이 됐든 상관없이 권력 승계는 무시무시한 문제입니다. 어쨌든 이제는 이 변증법이 무엇을 뜻하는지 충분히 해명되었을 것 같네요.

---

9   이 방송극을 집필하고 2년 뒤 슈미트는 『햄릿 혹은 헤쿠바』라는 소책자를 출간하여 왕위 계승의 문제를 집중적으로 논의한다. Carl Schmitt, *Hamlet oder Hekuba: Der Einbruch der Zeit in das Spiel*, Stuttgart: Klett-Cotta, 1999, pp. 57~61 참조. 애석하게도 이 책의 한국어판(칼 슈미트, 『햄릿이냐 헤쿠바냐: 극 속으로 침투한 시대』, 김민혜 옮김, 문학동네, 2021)은 핵심 용어인 'Ernst'의 번역에서 치명적인 오류를 범하고 있다. 이와 관련해서는 조효원, 「정치신학으로 틈입한 연극」, 『독일어문화권연구』, vol. 30, 2021, pp. 307~13 참조.

J.   선생님께서는 계속해서 내적 변증법을 거론하시지만, 제 눈에는 자꾸 인간의 영광과 비참만 어른거릴 뿐입니다. 그래서 이제는 정말 단도직입적으로 한번 여쭙고 싶습니다. 만약 인간이 행사하는 권력이 신으로부터도, 자연으로부터도 유래하는 것이 아니라면, 다만 인간들 사이의 용건에 지나지 않는다면, 그렇다면 권력은 선한 것입니까, 아니면 악한 것입니까? 혹시 둘 다인가요?

C.S.   그 질문은 아마도 당신이 생각하는 것보다 [훨씬] 더 위험한 질문일 겁니다. 왜냐하면 대부분의 인간은 정말로 추호의 의심도 없이 이렇게 대답할 것이기 때문입니다. '권력은 선한 것이다, 내가 갖고 있다면.' 그리고 '권력은 악한 것이다, 내 적이 갖고 있다면.'

J.   차라리 이렇게 이야기하는 게 어떨까요? '권력은 그 자체로 선하지도 악하지도 않다. 권력은 그 자체로 중립적이다. 권력은 그것을 가진 인간이 어떻게 하느냐에 달린 것이다. 선한 사람의 손에 들어간 권력은 선한 권력이 되고, 악한 사람의 손에 들어간 권력은 악한 권력이 된다.'

C.S.   그러면 구체적인 사안에서 어떤 사람이 선한지 악한지

결정하는 것은 누구인가요? 권력자 자신인가요, 아니면 다른 누군가인가요? 그런데 누군가가 권력을 가졌다는 것은 다른 무엇보다 그가 직접 선악을 결정할 수 있다는 것을 뜻합니다. 그 결정은 결국 그의 권력에 속하는 것입니다. 만약 그 결정을 다른 누군가가 내린다면, 바로 이 누군가가 권력을 가진 사람입니다. 권력을 실제로 가진 게 아니라면, 어쨌든 권력을 가졌다고 주장하는 것입니다.

J.　　그렇다면 권력은 그 자체로 중립적인 것이라고 생각됩니다.

C.S.　선하고 전능한 신을 믿는 사람이라면 권력을 악한 것으로, 또는 중립적인 것으로 설명할 수 없을 겁니다. 아시다시피 기독교의 성자 사도 바울은 「로마서」에서 이렇게 말했습니다. "모든 권력은 하느님으로부터 온 것이다."[10] 성 그레고리 대제, 이분은 기독교 신자를 이끄는 목자로서 교황의 표본 같은 분이죠, 그 역시 이 문제에 대해 더없이 명징하고 단호하게 말했습니다. 그가 뭐라고 말했는지 한번 들어보십시오.

10　　「로마서」13장 1절.

하느님은 지고의 권력이며 지고의 존재이시다. 모
든 권력은 그분으로부터 온 것이며 본질에 있어 [언
제까지나] 신성하고 선한 것으로 남는다. 만약 악마
가 권력을 가진다면, 그 경우에도, 그 또한 권력이라
는 점에서, 신성하고 선한 것이다. 다만 악마의 의지
가 악할 뿐이다. 하지만 이처럼 사악하고 간악한 의
지에도 불구하고 권력은 그 자체로 신성하고 선한
것으로 남는다.[11]

이것이 성 그레고리 대제의 생각입니다. 그는 말합니다.
"단지 권력에의 의지Wille가 악할 뿐, 권력 자체는 언제나
선한 것이다."

J.   솔직히 도무지 와닿지 않습니다. 저에게는 차라리 야콥
부르크하르트가 더 선명하게 다가옵니다. 아시겠지만,

---

11   슈미트의 이 인용은 출처가 불분명하다. 이탈리아어판 번역자인
조반니 구리사티Giovanni Gurisatti에 따르면, 해당 인용은
그레고리의 성서「욥기」및「열왕기상」주해에 나오는 여러 문장을
조합한 것이라고 한다(Schmitt, *Dialogue on Power and Space*, p.
93, no. 36). 이처럼 출처를 정확히 특정할 수는 없지만, 그레고리
대제에 대한 권위 있는 연구서를 참조하면 슈미트의 인용이
맥락을 벗어난 것이 아니라는 사실은 확인할 수 있다. Carole Straw,
Gregory the Great: Perfection in Imperfection, Berkeley: University of
California Press, 1988, p. 62 참조.

그는 이렇게 말했지요. "권력은 그 자체로 악하다."

C.S. 부르크하르트의 그 유명한 격언을 한번 자세히 생각해
보기로 합시다. 『세계사적 고찰』의 결정적인 한 대목에
서 그는 이렇게 말합니다.

> 이제 권력은 그 자체로 악하다(슐로서)는 사실—
> 이와 관련해서는 루이 14세, 나폴레옹, 프랑스 혁
> 명기 민중 정부 등을 떠올리면 된다—이 분명해졌
> 을 것이다. 종교와는 일절 무관한 것으로서 이기주
> 의Egoismus의 권리는 개인에게는 주어지지 않고 [오
> 직] 국가에 귀속된다.[12]

여기서 슐로서Schlosser라는 이름을 괄호에 넣어 삽입
한 사람은 [부르크하르트 본인이 아니라] 『세계사적
고찰』의 편집자, 즉 부르크하르트의 조카인 야콥 외리
Jacob Oeri입니다. 그게 마치 하나의 전거Beleg라도 되는
양, 마치 어떤 권위라도 부여할 수 있다고 생각한 것이

---

12 Jacob Burckhardt, *Weltgeschichtliche Betrachtungen*, Stuttgart: Alfred
Kröner, 1978, p. 36. (한국어판: 야코프 부르크하르트, 『세계 역사의
관찰』, 안인희 옮김, 휴머니스트, 2008, p. 68.) 부르크하르트의
원문에는 "권력은 그 자체로 악하다"는 구절이 강조 처리되어 있다.

지요.

J.   슐로서, 괴테의 매제였죠 아마.

C.S. 괴테의 매제는 요한 게오르크 슐로서Johann Georg
      Schlosser입니다. 여기 나오는 사람은 프리드리히 크리스
      토프 슐로서Friedrich Christoph Schlosser로, 인본주의 관점
      에서 세계사를 집필한 역사가입니다. 부르크하르트가
      강의에서 즐겨 인용한 사람이지요. 이 두 사람, 아니 제
      가 보기에는 야콥 부르크하르트와 두 명의 슐로서를 합
      쳐서 세 사람 모두 마찬가지입니다. 아무튼 이들은 그레
      고리 대제에 한참 못 미치는 사람들입니다.

J.   하지만 우리가 중세 초기 시대를 살고 있는 것은 아니잖
      습니까! 저는 오늘날 대부분의 사람은 그레고리 대제보
      다는 부르크하르트의 말에 훨씬 더 공감할 거라고 확신
      합니다.

C.S. 그레고리 대제가 살았던 시대에 비해 권력의 문제와 관
      련해 어떤 본질적인 부분이 달라진 것은 분명한 사실입
      니다. 물론 그레고리 대제의 시대에도 온갖 형태의 전
      쟁이 일어났고 잔혹한 행위들이 있었습니다. 다른 한편

으로, 부르크하르트의 관점에서 특별히 권력의 악성das Böse을 보여주는 사례, 즉 루이 14세, 나폴레옹 프랑스 혁명 정부 등은 완연히 근대적인 권력자들이지요.

J.　예, 하지만 그들도 아직 기계화에 대해서는 알지 못했습니다. 하물며 핵폭탄이나 수소폭탄에 대해서는 상상조차ahnen 못했을 겁니다.

C.S.　우리가 슐로서나 부르크하르트를 성인으로 여길 수는 없어도, 적어도 경건한 사람들로는 볼 수 있을 겁니다. '권력은 악하다'는 그런 생각을 경솔하게 표명했을 리는 없다는 뜻이지요.

J.　그러면 7세기의 경건한 사람이 선하다고 여긴 권력을 19세기와 20세기의 경건한 사람은 악하다고 여기는 일이 어떻게 가능한 겁니까? 분명히 어떤 본질적인 부분이 달라졌다고 봐야 하겠군요.

C.S.　지난 세기에 들어 아주 특별한 방식으로 인간 권력의 본질이 밝혀졌다고 저는 생각합니다. 다시 말해, '권력은 악하다'는 테제가 19세기 이래 광범위하게 유포된 것은 아주 기이한 현상이라는 겁니다. [앞에서] 우리는 만

약 권력이 신이나 자연으로부터 유래하는 것이 아니라 인간들이 알아서 처리해야 하는 사안으로 여겨지게 되면, 권력의 문제는 저절로 해결되거나 적어도 진정될 거라고 이야기 나누었습니다. 신은 죽었고, 이젠 어린아이조차 늑대를 보고도 놀라지 않는 판에 인간이 두려워할 것이 뭐가 있겠습니까? 그런데 이런 권력의 인간화 Vermenschlichung가 완성된 듯 보였던 시대, 그러니까 프랑스 혁명 이후로 권력은 그 자체로 악한 거라는 확신이 걷잡을 수 없이 널리 퍼졌습니다. '신은 죽었다'는 격언과 '권력은 그 자체로 악하다'는 격언은 동일한 시대 그리고 동일한 상황에서 유래했습니다. 근본적으로 두 격언은 똑같은 이야기를 하고 있습니다.[13]

---

13 Friedrich Nietzsche, *Die fröhliche Wissenschaft*, §. 343 (Giorgio Colli und Mazzino Montinari (eds.), *Nietzsche Werke: Kritische Gesamtausgabe*, V-2, Berlin: Walter de Gruyter, 1973, p. 255. (한국어판: 프리드리히 니체, 『즐거운 학문; 메시나에서의 전원시; 유고(1881년 봄~1882년 여름): 칭찬이나 비난에 무관심해지기 외』, 안성찬·홍사현 옮김, 책세상, 2005, p. 319.)

5

J.　방금 하신 말씀에 대해서는 조금 더 설명해 주시면 좋겠습니다.

C.S.　인간 권력의 본질을 이해하기 위해서는, 그러니까 권력이 우리의 현재 상황 속에서 어떻게 밝혀지는가를 제대로 이해하기 위해서는, 한 가지 관계에 대해 알아보는 것이 가장 좋습니다. 그것은 앞서 언급한 영국 철학자, 순수한 인간 권력[의 질문]을 다룬 철학자 중 가장 근대적인 철학자인 토머스 홉스가 발견한 관계입니다. 그는 최고도의 엄밀성을 가지고 이 관계를 규정하고 해명했습니다. 그래서 저는 그에 대한 오마주의 의미로 그것을 ‘홉스적 위험-관계Hobbesianische Gefährlichkeits-Relation’로 명명하고자 합니다. 홉스는 이렇게 말합니다. “다른 인간들이 자신을 위험에 빠뜨렸다고 믿는 인간은 어떤 동물보다 훨씬 더 위험한 존재가 된다. 이는 인간의 무기가 동물의 무기보다 훨씬 더 위험한 것과 마찬가지 이치다.” 이것은 아주 분명하고 명백한 관계입니다.

J.　오스발트 슈펭글러도 인간은 맹수Raubtier라고 말했지

요.[14]

C.S. 실례지만, 글쎄요! 토머스 홉스가 설정한 위험-관계
는 오스발트 슈펭글러의 테제와는 조금도 관련이 없
습니다. 그와 반대로 홉스는 인간은 동물이 아니라고
전제합니다. 인간은 동물과 전혀 다른 존재, 그러니까
한편으로는 동물에 못 미치지만, 다른 한편으로는 동
물을 크게 뛰어넘는 존재라고 본 것입니다. 인간은 자
신의 생물학적 약점과 결함을 기술의 발명을 통해 어
떤 가공할 방식으로 보완할 수 있는 존재, 아니 초과
보완**überkompensieren**할 수 있는 존재입니다. 자, 잘 들
어보십시오. 1650년, 그러니까 홉스가 이 비례 관계
Maßverhältnis에 대해 이야기하던 당시에 인간의 무기, 즉
활과 도끼, 검과 소총, 그리고 대포 등은 이미 동물과는
비교할 수준이 아니었습니다. 사자의 앞발이나 늑대의
이빨 그런 것들 말입니다. 하지만 오늘날 기술적 수단의
위험성은 한계를 모를 정도로 치솟고 있죠. 그에 따라
인간이 다른 인간에 대해 갖는 위험성 역시 치솟고 있습

---

14 Oswald Spengler, *Der Mensch und die Technik: Beitrag zu einer
Philosophie des Lebens*, München: Beck'sche Verlagsbuchhandlung,
1931, p. 14. (한국어판: 오스발트 슈펭글러, 『인간과 기술』, 양우석
옮김, 서광사, 1998, p. 21.)

니다. 이 때문에 권력과 무권력Machtlosigkeit 사이의 구별
이 한없이 어려워지고 말았습니다. 어느 정도인가 하면,
아예 인간의 개념 자체를 완전히 새로운 방식으로 탐구
해야 할 지경입니다.

J.　　무슨 말씀을 하시는 건지 잘 모르겠습니다.

C.S.　잘 들어보세요. 그러니까 여기서 도대체 누가 인간인 걸
까요? 그런 근대식 절멸 도구Vernichtungsmittel를 생산하
고 사용하는 쪽인가요, 아니면 그 도구에 희생되는 쪽인
가요? '권력은 기술과 마찬가지로 그 자체로 선하거나
악하지 않다. 그것은 중립적이다. 그것은 인간이 어떻게
사용하느냐에 따라 달라지는 것이다.' 이런 식으로 말해
봐야 아무 소용 없습니다. 그렇게 말하는 것은 지금 우
리가 직면한 이 어려움, 그러니까 '결국 선악을 결정하
는 것은 누구인가'라는 질문을 단지 회피하는 것입니다.
근대식 절멸 도구의 권력은 그것을 발명하고 또 그 사용
법을 개발한 개별 인간의 힘을 능가합니다. 이것은 근대
식 기계와 그 운용법Verfahren이 인간 두뇌와 근육의 힘
을 능가하는 것과 마찬가지입니다. 이 성층권, 이 초음
속 권역에서는 선하건 악하건 인간의 의지 따위는 더 이
상 이야기할 계제가 아닙니다. 핵폭탄 조작 버튼 위에

올려져 있는 손, 그리고 그 손의 근육을 움직이는 인간의 두뇌, 이것은 어떤 결정적인 순간이 오면 더 이상 개별 인간의 신체 일부가 아니라 기술적이고 사회적인 장치의 일부, 일종의 부품Prosthese이 됩니다. 핵폭탄을 생산하고 활용하는 장치의 부품이라는 거죠. 이렇게 되면 개별 권력자의 권력이란 그저 상황의 분비물에 불과한 것이 되고 맙니다. 가늠할 수 없을 만큼 비대해진 노동 분업 체계가 만들어낸 상황의 분비물이 되는 겁니다.

J. 우리가 성층권과 초음속 권역에 진입하고, 또 우주 비행을 할 정도로 발전한 것은 굉장한 일이 아닐까요? 어떤 인간의 두뇌보다 더 빠르고 정확하게 계산하는 기계를 가졌다는 건 참으로 굉장하지 않나요?

C.S. 바로 그 "우리Wir" 안에 진짜 질문이 들어 있습니다. 그러니까 그 "우리"는 더 이상 인간이 아니라는 말입니다. 인간의 굴레를 벗어던진 어떤 연쇄 작용Kettenreaktion, 온갖 일을 다 해내는 연쇄 작용이라고 해야 합니다. 이 연쇄 작용은 인간의 물리적 한계를 능가하기 때문에 인간이 생각할 수 있는 권력의 범위, 그러니까 인간과 인간 사이에서 작용할 수 있는 모든 권력의 범위 역시 초월합니다. 또 그것은 보호와 복종의 관계도 짓밟습니다.

권력은 기술보다 더 멀리 인간의 손아귀를 벗어납니다. 그리고 그런 기술의 도움으로 다른 이들에게 권력을 행사하는 인간들은 그 권력 아래 방치되는 이들과는 더 이상 하나가 될 수 없습니다.

J.　하지만 근대식 절멸 도구를 발명하고 생산하는 사람들도 어쨌든 결국 인간일 텐데요.

C.S.　그들이 행사하는 권력은 심지어 그들 자신에게도 맞서서 어떤 객관적인, 자율적인 위대성으로 존재합니다. [그런 기술을] 개발한 인간 개개인의 협소한 물리적, 지적, 정신적 능력을 무한히 능가하는 위대성이지요. 그런 절멸 도구를 발명함으로써 동시에 그들은 부지 중에 새로운 리바이어던을 탄생시킨 셈입니다. 유럽의 근대 국가, 16, 17세기에 이미 완전한 조직화에 성공한 근대 국가가 [그런] 기술적 공예품Kunstprodukt이었습니다. 인간이 창조한, 인간들로 조립된 초-인간Über-Mensch, [홉스의]『리바이어던』표지 그림에 등장하는 거인, 마크로스 안트로포스μάκρος ἄνθρωπος가 그것입니다. 자신을 만들어낸 작은 인간들, 그러니까 낱낱의 개인, 미크로스 안트로포스μίκρος ἄνθρωπος의 눈에 이 거인은 초-권력Über-Macht으로 나타납니다. 이런 의미에서 원활한 작

동 단계에 이른 근대 유럽 국가는 최초의 근대식 기계였으며, 또한 이후 등장한 모든 기술 장치의 구체적 전제 조건이었다고 볼 수 있습니다. 근대 국가는 기계 중의 기계, 마키나 마키나룸machina machinarum이었습니다. 인간들로 조립된 초-인간, 인간들의 합의를 통해 실현되었지만, 실현된 바로 그 순간 곧장 모든 인간의 합의를 능가해 버린 초-인간입니다. 이처럼 인간에 의해 조직된 권력이 문제였던 까닭에 부르크하르트는 권력을 그 자체로 악하다고 여겼던 것입니다. 이 때문에 그는 그 유명한 격언을 만들면서 네로 황제나 칭기즈칸이 아니라, 근대 유럽의 전형적인 권력자, 즉 루이 14세, 나폴레옹, 그리고 혁명기 민중 정부를 사례로 들었던 것입니다.

J. 혹시 과학이 더 발전해서 새로운 발명품이 나오면 상황이 완전히 달라지고 또 정리가 좀 될 수 있지 않을까요?

C.S. 그러면 좋겠습니다. 하지만 새로운 발명품이 나온다고 해도 권력과 무력無力이 더 이상 직접적으로 대치하지 않게 된 상황, 인간 대 인간의 문제가 아니게 되어버린 이 상황을 바꿀 수 있을까요? 근대식 절멸 도구의 위력 앞에 무기력하게 내던져진 인간 대중, 이들은 무엇보다

자신들이 무기력하다ohnmächtig는 사실을 아주 잘 알고 있습니다. 권력의 현실은 인간의 현실을 훌쩍 뛰어넘습니다.

저는 인간이 인간에 대해 행사하는 권력은 선하다고 말하는 것이 아닙니다. 그렇다고 권력이 악하다고 말하는 것도 아닙니다. 제가 그나마 확실하게 드릴 수 있는 말씀은 권력은 중립적이라는 것입니다. 그리고 사유하는 인간으로서 저는 '내가 가지면 권력은 선한 것이고, 내 적이 가지면 권력은 악한 것이다' 이렇게 말하는 게 부끄럽게 느껴집니다. 저는 다만 이렇게 말하겠습니다. '권력은 모든 사람에 대해, 권력자 자신까지 포함한 모든 사람에 대해 독립적인 현실로 존재한다. 그리고 권력은 모든 사람을 자신의 변증법 속으로 끌어들인다.' 권력은 모든 권력 의지보다 더 강력하고, 모든 인간적 선의보다 더 강력하며, 또한 다행스럽게도 모든 인간적 악의보다 더 강력합니다.

J. 객관적인 위대성으로서 권력이 그것을 행사하는 인간의 모든 악의보다 더 강력하다는 말씀에 다소 안심이 됩니다. 하지만 다른 한편으로 권력이 인간의 모든 선의보다 더 강력하다는 말씀은 뭔가 마뜩잖게 느껴집니다. 제가 보기에는 충분히 긍정적인 이야기는 아닌 것 같습니

다. 설마 선생님은 마키아벨리주의자는 아니시겠지요?

C.S. 확실히 아닙니다. 말이 나온 김에 말씀드리자면, 마키아
벨리 자신도 마키아벨리주의자가 아니었습니다.

J. 제게는 지나친 역설처럼 들리는 말씀입니다.

C.S. 제가 보기에는 아주 단순한 사실입니다. 만약 마키아벨
리가 마키아벨리주의자였다면, 절대로 자신의 평판을
떨어뜨리는 그런 책을 썼을 리는 없겠죠. 오히려 아주
경건하고 모범적인 책을 출판했을 겁니다. 『반反마키아
벨리』 같은 책이 가장 적격이겠죠.[15]

J. 당연히 그게 더 약삭빠른 처사일 테죠. 하지만 선생님의
견해에서 끌어낼 수 있는 [권력의] 실제 적용법 같은 것
도 있지 않겠습니까. 그런 차원에서 이제 우리는 무엇을
해야 할까요?

C.S. 무엇을 해야 하느냐고요? 우리 대화의 시작을 기억하십
니까? 당신은 제게 이렇게 물었습니다. '스스로 권력을

15 　프리드리히 대제가 프랑스 철학자 볼테르와 교환한 서신을 기초로
하여 집필한 저서(1740)를 가리킨다.

갖고 있다고 생각하느냐, 아니면 권력이 없다고 생각하느냐?' 자, 이제 공을 넘길 차례가 되었군요. 제가 물어보겠습니다. 당신은 스스로 권력을 가졌다고 생각합니까, 아니면 권력이 없다고 생각합니까?

J.	적용법에 대한 저의 질문을 회피하려는 의도에서 그러시는 것 같은데요.

C.S.	그 반대입니다. 오히려 당신의 질문에 유의미한 대답을 드릴 수 있는 기회를 포착하려는 것입니다. 누군가가 권력과 관련하여 실제 적용법에 대해 질문한다면, 이때 그가 권력을 가졌는가 그렇지 않은가를 구별하는 것은 중요한 문제입니다.

J.	알겠습니다. 하지만 선생님께서는 권력은 뭔가 객관적인 것이라고, 권력을 가진 모든 인간보다 더 강력한 거라고 거듭해서 말씀하시지 않았습니까. 그렇다면 실제 적용법에 관한 몇 가지 사례 정도는 분명히 있을 것 같은데요.

C.S.	무수히 많지요. 권력을 가진 사람을 위한 지침, 권력이 없는 사람을 위한 지침 모두 무수히 많습니다. 다시 말

해, 만약 누군가가 현실의 권력을 정치의 무대 위에 공공연히 그리고 가시적인 형태로 세울 수 있다면, 그것만으로도 이미 엄청난 성공을 거둔 것입니다. 예를 들어 권력자에게 저는 이렇게 조언하겠습니다. '[직함에 맞는] 격식을 제대로 갖춘 복장, 적어도 그렇게 보이는 복장을 하지 않았다면 절대로 공식 석상Öffentlichkeit에 나서지 마십시오.' [반대로] 권력이 없는 자에게 저는 이렇게 말하겠습니다. '권력을 갖지 못했다는 이유로 자신을 선한 사람으로 착각하지 마십시오.' 그리고 권력을 갖지 못한 탓에 고통받는 자가 있다면, 그에게 저는 이 사실을 상기시켜 주겠습니다. '권력에의 의지는 쾌락에의 의지 혹은 항상 더 많은 것을 탐하게 만드는 여러 재물을 향한 의지와 조금도 다를 바 없이 자기파괴적입니다.' 제헌의회 소속 의원이나 자문위원에게 저는 권력의 정점으로 이어지는 통로의 문제를 유념할 것을 간곡히 당부하고 싶습니다.[16] 통치의 문제가 마치 대대로 전해져 내려온 가업이라도 되는 양 어떤 본보기를 두고 그대로

16   1949년 5월 8일 제헌의회에서 제정된 독일 기본법은 바이마르 헌법을 기초로 한 것이었다. 그러나 이 기본법은 바이마르헌법 제48조가 규정했던 비상 권력을 서독 연방 대통령에게 허락하지 않았다. 슈미트는 아마도 이 헌법적 공백의 문제를 염두에 두었던 것으로 보인다. 디트릭 올로, 『독일 현대사: 1871년 독일제국 수립부터 현재까지』, 문수현 옮김, 미지북스, 2019, p. 531 참조.

따라 만들기만 하면 된다고 생각해서는 안 되기 때문입
니다. 요컨대, 이제 아시겠지요, 실제 적용법은 무수히
많습니다.

J. 하지만 인간은요! 인간의 자리는 어디에 있습니까?

C.S. 권력을 가졌든 그렇지 않든, 한 인간이 생각하고 실행하
는 모든 일은 인간적 의식의 복도, 그리고 그 밖에 개별
인간이 가진 여러 가지 능력의 복도를 따라 흘러가게 되
어 있습니다.

J. 그러니까 결국 인간은 인간에 대해 인간이라는 말씀이
시군요!

C.S. 그게 인간입니다. 물론 어디까지나 아주아주 구체적인
의미에서 그렇습니다. 예를 들어 이런 겁니다. 인간으로
서 스탈린은 트로츠키라는 인간에 대해 스탈린이라는
인간입니다. 그리고 인간으로서 트로츠키는 스탈린이
라는 인간에 대해 트로츠키라는 인간이고요.

J. 그게 선생님의 마지막 말씀일까요?

C.S. 아닙니다. 당신에게 이 점을 꼭 밝혀두고 싶군요. 호모 호미니 호모, '인간은 인간에 대해 인간이다'라는 이 아름다운 정식Formel은 해결책이 아니라, 우리에게 문제의 출발점이라는 사실을요. 비판의 의도로 이 말씀을 드렸지만, 또한 저는 그 명제를 철저히 긍정합니다. 이 웅장한 시구를 떠올리면서 말이죠.

> 그럼에도 불구하고 인간으로 존재한다는 것, 그것은 하나의 결단이다.[17]

이것이 저의 마지막 말이 될 것입니다.

---

17   이것은 시인 테오도어 도이블러의 장시『북극광』의 일부인
「결단」의 마지막 행이다(Theodor Däubler, *Das Nordlicht
(Florentiner Ausgabe)*, Hofenberg, 2018, p. 724). 1916년 슈미트는
『테오도어 도이블러의 "북극광": 작품의 현실성, 정신, 원소에
대한 세 가지 연구』라는 소책자를 출간했으며, 이후로도 거의
평생에 걸쳐 도이블러의 시를 누차 탐독했다. 그뿐 아니라 저서를
집필하는 과정에서도 중요한 대목마다 그의 시구를 즐겨 인용했다.

대화 흐름의 회고

발단

1. 시작: 인간은 늑대가 아니고/신도 아니며/인간이다

2. 단계: 합의가 권력을 만든다/권력이 합의를 만든다

3. 체류: 권력의 대기실과 정점으로 이어지는 통로의 문제

막간극: 비스마르크와 포사 후작

4. 단순한 질문: 권력은 그 자체로 선한가/아니면 악한가/
   아니면 중립적인가?

5. 선명한 결과: 권력은 인간의 선의보다/혹은 악의보다/
   혹은 중립성보다/더 강력하다

결론

새로운 공간에 대하여

새로운 공간에 대하여

이 작품은 슈미트가 1942년에 출간한 소책자 「땅과 바다」의
후속편이라고 할 수 있다. 그러나 물론 단순한 후속편에 그치는 것은
아니다. 이 대화극은 매우 중대한 함의를 지닌 새로운 진술을
담고 있다.

대화 참여자:

A. (알트만)

N. (노이마이어)

F. (맥퓨처)

A.   땅과 바다의 대립에서부터 [대화를] 시작하면 어떨까
     싶습니다. 육지적 실존과 해양적 실존의 차이에 관해 먼
     저 이야기하도록 하죠. 이 차이에 대해서는 우리가 존경
     하는 친구 돈 카밀로Don Camilo[1]가 국제법의 차원에서 아
     주 기초적인 설명을 제시한 바 있는데요. 친애하는 노이
     마이어 씨, 이와 관련해 제가 경박한 질문 하나만 드려
     도 되겠습니까?

N.   존경하는 알트만 씨, 지나치게 경박한 질문이 아니라면,
     얼마든지요!

A.   지나치게 경박한 것은 아니길 바랍니다. 그러니까 제 질
     문은 이겁니다. 당신은 가끔 성서를 읽습니까?

1   스페인 법학자 카미요 바르시아 트렐레스Camilo Barcia Trelles
     (1888~1977)를 가리킨다.

N. 구약성서와 신약성서 중 어떤 걸 말씀하시는지요?

A. 그런 섬세한 구별까지 생각한 것은 아니고요. 아주 일반적인 의미에서 성서, 책 중의 책인 성서, 그러니까 구약과 신약 둘 다를 말씀드리는 겁니다.

N. 성서에 관해서라면, 알트만 씨, 뭔가 말씀드릴 게 있습니다. 저는 성서를 아주 높이 평가합니다. 그리고 깊이 존중합니다. 하지만 저는 과학적으로 사유하는 사람입니다. 그리고 성서는, 모두가 마땅히 우러러봐야 할 책이긴 하지만, 과학적인 책이 아닙니다. 구약성서든, 신약성서든 마찬가지죠. 그렇다고 해서 제가 성서를 가끔씩 펼쳐보지 않는다는 뜻은 아닙니다. 게다가 성서는 저에게 이런저런 방식으로 신앙심을 불러일으키기도 합니다. 하지만 이 질문을 드릴 수밖에 없겠는데요. 성서가 우리의 주제인 땅과 바다와 무슨 상관이 있습니까?

A. 노이마이어 씨, 성서는 처음부터 끝까지 땅과 바다의 대립을 다룹니다. 성서는 그야말로 이 대립에 관한 이야기로 가득 차 있어요.

N. 너무 기이한 말씀인데요!

A.　성서의 첫 장만 펼쳐봐도 충분합니다. 신이 어떻게 세
상을 창조했는지 한번 읽어보세요. 모세오경 제1권, 그
러니까「창세기」제1장 말입니다. 여기를 보면 신이 일
련의 여러 가지 분리Trennung를 통해 세상을 창조했다
는 이야기가 나옵니다. 첫째, 신은 빛과 어둠을 분리합
니다. 다음으로 신은 하늘, 창공蒼空이라고 하죠, 창공을
물과 분리합니다. 창공 위아래로 물이 분리되죠. 그리고
신은 마른 땅과 바다를 분리한 다음, 마른 땅에 인간이
거주하도록 명령합니다.

N.　좋습니다. 하지만 이 자리는 신학적인 문제를 논의하기
위해 만난 자리가 아닙니다.

A.　우리는 땅과 바다의 대립에 대해, 그리고 육지적 실존과
해양적 실존의 차이에 대해 이야기하려고 만났지요. 그
리고 여기서, 즉 인류 역사상 가장 오래되고 가장 성스
러운 책 중 하나인 [성서에서] 우리는 순수하게 육지적
인 실존에 관한 한 가지 아주 단호한 입장을 보게 됩니
다. 성서에 따르면 신은 인간에게 단단한 육지를 거주지
로 준 반면 바다는 이 거주지의 경계선상으로 밀어냈습
니다. 신의 자비가 바다를 막아 우리를 집어삼키지 못하
게 한 것입니다. 대홍수 때처럼 말입니다. 인간에게 바

다는 낯설고 적대적인 것입니다. 그것은 인간의 생활 공간Lebensraum이 아닙니다. 성서에 따르면, 인간의 생활 공간은 오직 단단한 육지뿐입니다.

N. 존경하는 알트만 씨, '생활 공간'이라는 말은 제가 느끼기에는 맥락상 다소 수상쩍게 들립니다. 근대 지정학의 낌새를 풍기거든요. 성서에는 '생활 공간'이라는 단어가 나오지 않는다는 쪽에 내기를 걸겠습니다.

A. 그건 번역의 문제일 겁니다. 개인적으로 저는 '생활 공간'이란 말을 「창세기」에 대한 한 권의 탁월한 주석서에서 차용했습니다. 그러니까 그 말은 명망 있는 신학자, 마땅히 누릴 만한 세계적인 명성을 누리고 있는 바젤의 신학자 칼 바르트의 『교회 교의학』 제3권에서 가져온 것입니다.[2] 하지만 여기서 단어를 두고 계속 입씨름하지는 말기로 하죠. 요점은 분명합니다. 성서의 창조 서사에 따르면 오직 단단한 육지만이 인간의 거주지, 아니 더 분명히 표현하자면, 인간의 집이라는 겁니다. 이에 반해 바다, 대양Ozean은 거주 세계의 끄트머리에 자리한 섬뜩한 괴물Ungeheuer입니다. 혼돈의 괴수, 거대한

2   칼 바르트, 『교회 교의학 III/1』 제5권, 신준호 옮김,
     대한기독교서회, 2015, pp. 193~95 참조.

62

뱀, 용, 리바이어던이지요.[3]

N.　존경하고 존경하는 알트만 씨, 지금 선생님께서 사용하
　　시는 단어와 명칭에 주의를 좀 기울여 주시면 좋겠습니
　　다. 한편으로 선생님께서는 대지Erde를 인간의 집이라
　　부르시고, 다른 한편으로 바다는 혼돈의 괴물, 뱀, 용, 리
　　바이어던이라고 말씀하고 계신데요. 집, 뱀, 용, 리바이
　　어던, 이 말들은 전부 명백히 신화적인 이미지들입니다.
　　이 말들에는 비과학성Unwissenschaftlichkeit의 낙인이 찍
　　혀 있습니다. 제가 선생님께 드리고 싶은 말씀은, 성서
　　의 창조 서사에서 중요한 문제가 무엇인가 하는 점입니
　　다. 그것은 육지 문화, 그러니까 땅에 의해 규정된 문화
　　에서 유래한 신화적 세계상Weltbild이라는 점입니다. 구
　　약성서는 바빌론으로부터 창조 설화Schöpfungsbericht를
　　넘겨받았습니다. 어쩌면 그 밖에 다른 더 오래된 민족이
　　나 문화로부터 넘겨받았을 수도 있죠. 어쨌든 구약성서
　　의 세계상은 [전혀] 해양적이지 않고, 순수하게 육지적
　　인 것입니다. 그러니 단단한 땅을 인간의 집으로, 바다
　　를 어떤 적대적인 괴물로 표상하는 것은 자연스럽지요.
　　이 모든 것은 기본적으로 아주 단순한 이야기입니다.

3　　　같은 책, pp. 200~201 참조.

A. 물론입니다, 친애하는 노이마이어 씨. 이건 확실히 매우 단순한 이야기입니다. 하지만 단순하다고 해서 곧장 틀렸다거나 무의미하다고 치부해 버릴 일은 아니지요.

N. 그렇습니다. 하지만 방금 하신 이야기는 비과학적이고 [이미 오래전에] 완전히 끝난 이야기입니다. 낡은, 그러니까 시대착오적인 이야기이고, 기껏해야 박물관 같은 데서 잠깐 흥미를 돋우는 정도의 이야기일 뿐입니다. 순수하게 육지적인 방식으로 실존했던 민족들, 유목민이나 농경 민족은 토지Boden에 기반한 사유를 하는 것이 일반적이고, 바다에 대해서는 어떤 종교적인 두려움을 갖게 마련이지요. 우리가 알고 있는 대부분의 고대 문화는 육지 문화로, [전혀] 해양적이지 않습니다. [그러니] 구약성서에 바다에 대한 불안이 나타난다는 사실이 저로서는 전혀 놀랍지 않습니다. 하지만 이 문제와 관련해 신약성서가 어떤 입장을 취하는지에 대해서는 적잖이 흥미가 생깁니다. 제 짐작으로는, 신약성서에는 바다에 대한 불안이 그 정도로 심하게 표현되어 있을 것 같지 않습니다. 사도 바울이 지중해 항해를 몇 차례 길게 했다는 것 정도는 알고 있습니다만.

A. 신약성서에서는 그리스도가 바다 위를 걷지요. 리바이

어던을 제압한 것입니다. 하지만 바로 이 사실로부터 신약성서에서도 바다는 뭔가 섬뜩한 것, 악한 것으로 표상된다는 결론이 도출됩니다. [신약성서의] 마지막 책, 성 요한의 「묵시록」 결말 부분에 새 땅이 어떤 모습인지 묘사되어 있지요. 죄악을 벗고 정결해진 땅의 모습이 그려져 있습니다. 성 요한의 「묵시록」 제21장에는 이렇게 기록되어 있습니다. "나는 새 하늘과 새 땅을 보았습니다. 이전의 하늘과 이전의 땅은 사라지고 바다는 없어졌습니다." 들으셨지요? 바다가 없어졌다는 겁니다! 정결해지고 성스러워진verklärt 대지에는 대양이 존재하지 않는 것입니다. 죄악과 더불어 바다도 사라지는 겁니다. 이것이 신약성서의 결말입니다. 모세의 첫번째 책에 나오는 창조 설화에서 성 요한의 「묵시록」의 결말에 이르기까지 성서는 땅과 바다의 대립을 견지하고 있습니다.

N. 성 요한의 「묵시록」에 나오는 이 대목의 의미는 제가 보기에도 완전히 명확합니다. 땅에서 사는 사람이 바다를 보았을 때 느끼게 되는 고대적이고 신화적인 불안을 다룬 이야기입니다. 유목민과 농경 민족은 대지를 자신들이 거주하는 천막 혹은 집과 동일시합니다. 초원이나 정원이 그 주변을 둘러싸고 있지요. 그들에게는 이곳[만]이 인간이 거주할 수 있는 세계였습니다. 이 거주 가능

한 세계의 끄트머리에 대양이, 저 무시무시한 세계뱀 **Weltschlange**이 꿈틀대고 있습니다. 세계 종말의 날이 오면 이 세계뱀은 처치될 것이고, [그리하여] 전쟁과 범죄로부터 해방된 새로운 대지, 더 이상 바다가 존재하지 않는 행복한 대지가 생겨날 것입니다. 이것은 오래된 꿈입니다. 유목민과 농경 민족도 품었던 아름다운 꿈이죠. 로마 제국의 위대한 시인이 지은 유명한 시, 그러니까 베르길리우스의 『목가』 제4장을 보면 이 꿈이 오롯이 표현되어 있는 것을 볼 수 있습니다.[4] 흠결 없는 평화의 행복한 종말이 오면 다른 무엇보다 해상 무역이 사라질 거라고 베르길리우스는 믿었습니다. 저는 선생님께 더 많은 사례를 말씀드릴 수도 있습니다. 하지만 굳이 그렇게 해야 할까요? 이 모든 것은 순수한 육지적 실존을 옹호하는 이데올로기의 소산일 뿐입니다. 목동과 농부의 환상이고, 신화일 뿐입니다. 실례를 무릅쓰자면, 문학, 시 나부랭이, 릴케입니다.

---

4   베르길리우스, 『목가』, 이호섭 옮김, 인다, 2024, p. 65 참조.

1

A. 그러면 당신이 지닌 순수하게 과학적인 이해의 차원에
서 땅과 바다의 대립은 무엇을 의미합니까?

N. 과학적인 관점에서 저는 그 대립이 완전히 낡아빠진
[관념]이라고 생각합니다. 저 오래된 학설, 물, 불, 흙, 공
기로 구성된 4원소론의 잔재라는 말입니다. 원시적인
자연철학은 이 4원소를 일종의 근본 질료Grundstoff라고
생각했습니다. 원소가 무엇인지는 잘 알려져 있죠. 우리
가 가진 화학의 방법으로는 더 이상 해체하거나 분해할
수 없는 질료입니다. 오늘날에는 초등학생들도 모두 물,
불, 흙, 공기가 원소가 아니라는 것을 알고 있습니다. 이
미 20세기 초반에 현대 자연과학이 화학적으로 분해할
수 없는 전혀 다른 질료들이 적어도 90개는 더 있다는
사실을 밝혀냈습니다.

A. 과학적인 관점에서는 이 문제가 그렇게 생각되는군요.
그런데 세계사를 잠깐 생각해 봅시다. 세계사는 육지 권
력과 해양 권력의 끊임없는 분쟁이었습니다. 스파르타
와 아네테가 30년간 벌인 전쟁을 떠올려보세요. 육지 권

력인 스파르타의 승리로 끝난 전쟁이죠. 로마와 카르타고 사이에서 벌어진 100년 전쟁은 어떻습니까. 역시 육지 권력 로마의 승리로 끝났죠. 아니면, 마지막으로, 영국과 유럽 대륙 사이에 300년이 넘도록 계속된 분쟁을 생각해 보세요. 영국이 스페인, 네덜란드, 프랑스, 독일을 상대로 차례차례 벌였던 분쟁 말입니다. 해양 권력인 영국의 승리로 끝난 분쟁이지요. 세계사는 이런 모습입니다. [그런 점에서] 프랑스 해군 제독 [라울] 카스텍스 Raoul Castex가 쓴 위대한 역사서의 제목이 주목할 만합니다.『육지에 대항하는 바다』라는 제목입니다.

N.　[그거야] 해군 제독이 쓴 책이니까요. 해군 제독이라면 세계사를 그렇게 보겠지요. 해군 제독에게 세계사란 해양 전쟁과 해상 전투의 역사일 겁니다. 프랑스 해군 제독 카스텍스, 미국 해군 제독 [앨프리드] 머핸 Alfred Mahan, 독일 해군 제독 [알프레트 폰] 티르피츠 Alfred von Tirpitz, 이들 모두 해양 전문가 출신이고, [해양] 관할 정치가들이죠. 이들이 세계사를 자신들의 직업적 관점에서 생각한다는 것은 전혀 놀라운 일이 아닙니다.

A.　정도의 차이가 있을 뿐, 모든 인간이 그렇게 하죠.

N. 너무 별로군요. 그건 비과학적입니다.

A. 친애하는 노이마이어 씨, 저는 당신이 세계사를 어떻게 생각하시는지 물어보는 게 아닙니다. 화학과 물리학도 따지고 보면 하나의 직업이죠. 어쨌든 땅과 바다의 대립에는 자연과학적 요소도 [어느 정도] 포함되어 있는 겁니다. 땅과 바다와 하늘은 상이한 응집 상태 Aggregatzustand입니다. 물리학적으로, 기상학적으로, 지질학적으로, 그리고 지리학적으로도 상이하죠. 따라서 각각의 권역 안에 살고 있는 생명체에게 아주 상이한 환경을 제공합니다. 이게 다시 생물학적 대립을 유발하죠. 아마도 생물학적 대립에 대해서는 당신도 부인할 수 없을 텐데요. [가령] 인간은 포유동물입니다. 아가미로 호흡하는 물고기가 아니죠. 이 점에 대해서는 자연과학자도 틀림없이 흥미를 느낄 겁니다.

N. 육지적 실존과 해양적 실존 사이에 수많은 차이, 특히 생물학적으로 흥미로운 차이가 다수 존재한다는 사실은 자명합니다. 개구리 같은 양서류나 고래 같은 비정상 Abnormität은 제외시켜야겠지만요. 그렇지만 그런 생물학적 차이로부터 인간들 사이의 대립 같은 것이 도출되지는 않습니다. 특히 민족 대 민족, 세력 대 세력 간의 적

대적 긴장감 따위는 조성되지 않지요. 대륙 전쟁과 해양 전쟁으로 점철된 세계사는 말할 것도 없고요. 육지 동물과 해양 동물 사이에는 어떤 자연적 적대도 성립하지 않습니다. 자연적 긴장감조차 성립하지 않아요. 통상적으로 이들은 서로를 신경 쓰지 않습니다. 물고기는 물속에 살고, 육지 동물은 뭍에서 살아갑니다. 육지 동물만 놓고 보더라도 이들 중 가장 용맹한 사냥꾼이라 할 수 있는 사자, 호랑이, 곰 또한 자연이 정해준 사냥 구역을 벗어나지 않습니다. 서로 사냥터를 침범하지 않는 겁니다. 먹이를 두고 다투는 일은 같은 구역 안에 있는 생명체들 사이에서 주로 발생합니다. 누구나 알듯이 큰 물고기는 작은 물고기를 잡아먹습니다. 육지 위의 생명체나 조류 역시 다르지 않습니다. 그러니까 땅과 바다의 대립을 통해 규정되는 적대는 여기서 논할 차원이 아닌 겁니다. 제가 알기로, 19세기의 정치가와 역사가 들은 러시아와 영국의 대립을 곰과 고래의 싸움이라고 불렀는데요. 이건 완전히 헛소리입니다. 고래와 싸움을 벌일 정도로 본능을 상실한 곰은 존재하지 않습니다. 마찬가지로 곰과 싸우는 고래 역시 있을 수 없죠.

A.   인간의 차원으로 옮겨 이야기해 보면, 땅과 바다 사이의 깔끔한 분리는 해양 전쟁은 해양 민족끼리, 육지 전

쟁은 육지 민족끼리 치른다는 결론으로 이어지겠군요. [하지만] 신기하게도 그 반대가 사실로 드러납니다. 세계사적 긴장감이 어떤 특정 강도에 도달하는 경우에는 말입니다. 동물이 아니라 인간, 오직 인간만이 육지 전쟁과 해양 전쟁을 한꺼번에 치릅니다. 강대 세력 간의 적대감이 정점에 다다를 때는 언제나 무장 분쟁이 [땅과 바다] 두 영역에서 동시에 발생합니다. 그리하여 두 세력 모두 전쟁을 육지 전쟁과 해양 전쟁으로 [동시에] 치르게 됩니다. [전쟁에서] 모든 세력은 적에 의해 다른 원소Element[의 관할 범위]로 끌려 들어갈 수밖에 없습니다. 만약 하늘이 세번째 차원으로 추가되면, 두 세력 모두 전쟁을 공중전空中戰으로 치러야겠죠. 그래서 저는 바다와 땅[물과 흙]이라는 원소에 대해 이야기하는 것이 여전히 유의미하다고 생각합니다. 어떤 거대한 세계사적 대립이 정점에 가까워지면, [전쟁 중인] 두 세력은 모든 [가용한] 물질적, 정신적, 지적 자원을 총동원할 수밖에 없습니다. 그렇게 되면 전쟁은 참전한 세력들의 모든 환경Umwelt을 행동반경으로 삼게 됩니다. [당연히] 땅과 바다 간의 원소적 대립 역시 이 분쟁에 포함됩니다. 그러면 전쟁은 바다에 대항하는 땅의 전쟁, 그리고 반대로 땅에 대항하는 바다의 전쟁으로 나타나게 됩니다. 바꿔 말하자면, 원소들의 전쟁이 되는 겁니다. 눈을 뜨고 한

번 보세요. 그걸로 충분합니다. 현재 우리가 살고 있는 세계정세가 어떻게 돌아가고 있는지 한번 보시라는 말입니다. 오늘날 우리는 전 지구적으로 팽팽한 긴장감이 감도는 시대, 동서 대립의 압박 아래 살아가고 있습니다. 분명 오늘날의 동서 대립은 땅과 바다의 대립이기도 합니다.

N. 동과 서라는 것은 순수하게 지리학적인 개념이고, 적대를 설명할 수 있는 합리적 원인은 아닙니다. 동과 서 사이에는 심지어 극과 극의 장력Spannung도 발생하지 않습니다. 아시겠지만 지구는 북극과 남극으로 이뤄져 있고, 동극이나 서극 같은 것은 없죠. 미합중국을 기준으로 보면, 러시아와 중국이 서구입니다.

A. 아주 좋습니다. 그런데 그렇게 말씀하시면 오늘날 동서 간의 긴장감이 좀 덜 현실적인 게 됩니까? 그리고 무엇보다 동구에는 웅대한 두 대륙 러시아와 중국이 있고, 서구에는 엄청난 대양, 즉 대서양과 태평양이 펼쳐져 있는 게 사실 아닌가요? 저는 땅과 바다의 대립이 오늘날 전 지구적 차원으로 확장된 동서 간 긴장 상태의 원인이라고 말한 적이 없습니다. 하지만 그러한 긴장 상태를 유발한 더 깊은 원인을 따져본다면, 얄타 회담 이후, 아

니 적어도 1949년 북대서양 조약 이후부터는 어떤 전 지구적이고 원소적인elementare 긴장 상태가 지속되어 왔고, 이 긴장 상태가 땅과 바다라는 [두] 원소 간의 대립을 반영한다는 점, 그리고 [사실상] 이 대립과의 교집합이 매우 크다는 점을 무시해서는 안 된다고 생각합니다.

N. 그러면 선생님께서 생각하시기에 오늘날 우리 모두를 짓누르고 있는 동서 간의 전 지구적 긴장 상태를 유발한 진짜 원인, 혹은 더 깊은 원인은 무엇입니까?

A. 그보다 저명한 영국 학자가 내놓은 대답을 먼저 말해드리고 싶군요. [하지만] 이 사람의 입장에 제가 동의하는 것은 아닙니다. 그 학자가 누구냐면, 이미 30년도 더 전에, 그러니까 1919년에 『민주주의의 이상과 현실』이라는 훌륭한 책을 펴낸 위대한 지리학자 해퍼드 매킨더 Halford Mackinder 경입니다. 이 책에 그의 대답이 나와 있습니다.[5] 매킨더가 보기에 엄청난 [규모의] 아시아 대륙은 하나의 거대한 섬이자 지구의 심장 지대Herzland입니다. [하지만] 인류 문명은 해안 지역에서 발달했지요. 매킨더에 따르면, 심장 지대의 거대한 야만 민족들

5　　해퍼드 존 매킨더, 『민주주의의 이상과 현실』, 이병희 옮김, 공주대학교출판부, 2004.

은 계속해서 해안 지역을 침범했고 문명을 유린하려 했습니다. 이 영국인 지리학자에 따르면, 땅과 바다의 대립이란 가장 내밀한 본질을 고려할 때 문명과 야만의 대립, 자유와 비자유의 대립입니다. 여기서 문명과 자유는 [당연히] 바다와 해안 편에 속합니다.

N. 아주 흥미로운 이야기입니다. 하지만 저는 원소에 대해서는 더 이상 언급하고 싶지 않습니다. 오늘날의 바다란 땅과 하늘처럼 그저 인간이 활동하는 하나의 영역Feld일 뿐입니다. 돛단배로 항해하던 시절에는 [물론] 달랐겠지요. 그 시절의 배들은 몇 달, 심지어 몇 년 동안 육지로부터 완전히 단절된 상태에서 험한 바다를 항해해야 했습니다. 그때는 [바다라는] 원소에 대해 이야기할 수 있었을 겁니다. 하지만 오늘날에는 모든 배가 대양 위의 어느 위치에서건 날마다 그리고 시시각각 육지와 소통할 수 있습니다. 이 사실만 보더라도 돛단배 시절과 비교했을 때 [오늘날의] 인간에게 바다 세계가 얼마나 달라졌는지 알 수 있습니다. [오늘날의] 바다는 원소적 성격을 상실했습니다. 선생님께서 세계사적 현상 내지 구성에 대해 설명하기 위해 원용하신 모든 이야기, 영국 지리학자 매킨더의 실로 흥미진진한 이론까지 포함해서, 그 모든 이야기가 저에게는 그저 역사에 매몰된 세

계상을 보여주는 현상 형식Erscheinungsform으로밖에 보이지 않습니다.

A. 주의하시기 바랍니다, 친애하는 노이마이어 씨! 어쩌면 당신 자신의 세계상도 결국에는 어떤 방식으로든 어떤 역사적 상황에 결부되어 있게 마련입니다. 정밀과학, 그리고 심지어 저 폭주하는 기술Technik마저도 역사 바깥으로 나갈 수 없습니다. 친애하는 노이마이어 씨, 당신 자신이 불과 몇 분 전에 땅과 바다에 대한 고대적 표상을 시대착오적인 발상으로 폄훼하지 않았습니까? 유목 민족과 농경 민족의 꿈이었고 신화였다고 말입니다. 혹시 당신은 물리학자와 화학자, 기술자는 꿈을 꾸지 않는다고, 아무런 신화도 만들어내지 않는다고, 그러니까 시대착오의 위험으로부터 면제되어 있다고 생각하십니까?

N. 아, 그렇군요. 존경하는 알트만 씨, 무슨 말씀을 하시려는 건지 알겠습니다. 선생님께서는 그러니까 지금 역사적인 관점에서 저와 대화하고 싶으신 거군요. 선생님께서는 지금 이른바 역사적 감각, 그리고 역사적 변증법을 다루고 계신 겁니다. 저 악명 높은 여섯번째 감각, 저 불운한 천재 헤겔이 가여운 독일인들에게 심어놓은 그 감

각 말입니다.

A. 땅과 바다에 대한 고대적 표상을 시대착오적인 거라고
단언하셨을 때 당신 스스로 이미 그 역사적 감각을 다뤘
던 게 아닐까요? 시대착오적이라는 말은 더 이상 시대
와 상황에 어울리지 않는다는 뜻이죠. 당신은 현시대의
흐름에 발맞추는 일을 절대 포기하고 싶지 않을 겁니다.
다시 말해, 시대와 상황에 어울리고 싶을 겁니다.

2

F. 선생님들, 죄송합니다만, 이 지점에서 제가 두 분 대화
에 끼어들어 보겠습니다. 저는 맥퓨처MacFuture라고 합
니다. 두 분의 말씀을 경청하면서 땅과 바다에 대한 두
분의 논쟁을 따라가 보려고 애를 쓰고 있었습니다. 그
리고 지금까지는 침묵을 지켰습니다. 하지만 이제는 제
가 대화에 참여할 수 있도록 허락해 주셔야겠습니다. 죄
송하지만, 저에게는 두 분의 생각이 똑같이 뒤처진 것
으로 여겨집니다. 그러니까 제 이야기는, 두 분 모두, 존
경하는 알트만 씨의 경우에는 역사적 감각에 대한 부분
이, 그리고 친애하는 노이마이어 씨도 사실 마찬가지인
데, 매우 고전적인 자연과학성Naturwissenschaftlichkeit 부
분이 그렇습니다. 자연과 역사의 구별 역시 이미 오래전
에 끝난 문제입니다. 그러니까 우리는 원자력이 개발된
후로 벌써 10년이나 흐른 시대를 살고 있다는 말입니다.
두 분 모두 이 사실을 아직 제대로 이해하지 못하신 게
아닌가 싶습니다. 공간과 시간, 자연과 역사에 대해 우
리가 가졌던 표상은 핵무기로 인해 총체적으로 변해버
렸습니다. 그리고 이른바 원소에 관해서 말씀드리자면,
이 단어를 어떻게 쓰셨든 전혀 상관없습니다만, 제가 드

릴 수 있는 말씀은 이런 겁니다. 오늘날 우리는 이미 인공 원소를 생산할 수 있는 시대를 살고 있습니다. 인공 원소 말입니다, 한번 상상들 해보십시오! 땅과 바다, 육지적인 것과 해양적인 것, 자연과 역사, 이것들을 아주 아름답게 구별하셨습니다만, 이렇게 되면 그 구별이 전부 녹아버리게 됩니다. 불타는 오븐 안에서 지방이 녹는 것처럼 말입니다.

A. 진심으로 환영합니다, 친애하는 맥퓨처 씨! 적당한 시점에 개입하셨습니다. 멋집니다, 완전히 변해버린 인류의 상황에 대해 하신 말씀도 그렇고, 그렇게 해서 우리의 대화를 또 다른 차원으로 옮겨놓으신 것도 말입니다. 물론 그렇다고 해서 우리의 질문이 해결된 것은 아닙니다만, 그래도 해체는 되었다고 볼 수 있겠군요. 다만 이제 우리가 파악해야 할 사실은 완전히 새로운 질문들을 제기해야 한다는 점, 그리고 이 새로운 질문들을 제대로 인식하기 위해 주의를 기울여야 한다는 점입니다. 바꿔 말하자면, 우리는 '새로운 질문이란 무엇인가'라고 물어야 한다는 것입니다. 이 문제를 조금 첨예한 방식으로 표현해도 된다면, 우리는 '질문이란 무엇인가'라는 질문 앞에 서 있습니다.

F.   제게는 너무 복잡하게 느껴집니다. 저는 단순하게 풀어
      놓는 것을 좋아하는 편입니다. 한 질문은 이쪽, 다른 질
      문은 저쪽, 이런 식으로 말입니다. 중요한 것은 단순한
      사실입니다. 어디로 여행을 떠나는 건지를 모르면 [기
      차나 비행기를 제대로] 갈아탈 수 없고, 결국 함께 여행
      할 수 없는 법이죠. 물론 수소폭탄이 머리 위에 떨어지
      고 나서야 비로소 원자력의 시대가 무엇인지를 이해하
      는 인간들도 있긴 있습니다.

N.   맙소사, 맥퓨처! 당신, 설마 그런 식으로 말함으로써 당
      신네가 원자폭탄을 갖고 있다는 사실을 우리한테 깨우
      쳐주려는 속셈입니까? 당신이 말한 대로 나는 과학적으
      로 사유하는 인간이고, 모든 [종류의] 진보를 환영하는
      사람입니다. 하지만 그런 어조로 논리를 펼치는 것은 도
      무지 환영할 수가 없군요. 어떤 경우든 인간적인 부분이
      남아 있어야 하는 법입니다. 모든 인간 행위에는 넘어서
      는 안 되는 도덕적 한계선이 있습니다. 덧붙여서, 이 점
      을 분명히 해두고 싶은데, 이건 과학에 대해서도 마찬가
      지입니다.

F.   도덕규범을 엄격히 준수해야 한다는 건 자명하죠. 하지
      만 도덕규범을 준수하기 위해 과학적 연구의 자유마저

제한할 수 있다고 보십니까? 만약 그렇다면 우리의 문명은 종말을 맞게 될 겁니다! 만약 그게 맞다면 우리는 아직 중세의 깊은 어둠 속에 묻혀 있을 겁니다. 아니죠, 선생님들, [과학적] 연구의 자유는 거룩한 것이고 한계가 없는 것입니다.

N.   하느님 맙소사! 과학자로서 맹세컨대 연구의 무조건적 자유를 훼손하는 일이라면 제 손으로 끝까지 막을 겁니다. 그건 내가 딛고 서 있는 발판을 스스로 부수는 일이니까요. 어떤 방식으로든 연구가 제한되어서는 안 됩니다. 제가 하려던 이야기는 다만 특정한 발명이나 실험이 초래할 수 있는 어떤 부작용이나 오남용에 대한 부분입니다.

F.   그건 당연한 말씀입니다, 노이마이어 씨. 오남용은 사정없이 억눌러야죠. 어중이떠중이 아무나 폭발물을 다루는 일이 생길 리는 절대 없다고 봅니다. 분명합니다. 걱정 붙들어 매시죠. 그런 안전에 관한 문제라면 여기서는 제쳐두는 게 더 좋다고 생각합니다. 지금 제가 하려는 일은 땅과 바다에 관한 두 분의 대화를 업데이트해 드리는 겁니다. 선생님들 눈에는 인간과 대지, 땅과 바다, 불과 하늘이 이제 [예전과는] 달라졌다는 사실이 보이지 않으십니까? 초등학생들도 다 아는 사실입니다. 우리의

대지가 우스울 정도로 작아졌다는 사실, 그리고 인간의 힘이 무한대로 커지고 있다는 사실 말입니다. 우리가 발명한 기계 덕분에 [이제] 우리는 어떤 인간의 감각으로도, 어떤 인간의 근육으로도 해낼 수 없는 [많은] 일들을 순식간에 해치웁니다. 우리가 발명한 장치 덕분에 우리는 인간 두뇌의 능력을 훌쩍 뛰어넘는 [복잡한] 계산과 연산을 [손쉽게] 해냅니다. 그러니까 이미 오래전부터 우리는 새로운 세계에 살고 있는 겁니다. 원하신다면 천국이라고 불러도 좋습니다. 바로 이 사실을 두 분은 아직 모르고 계신 것 같습니다.

N. 과학자로서 당신의 이야기에 전적으로 공감합니다, 맥 퓨처.

A. 그런데 저는, 역사적 감각을 가진 남자로서, 한 가지 질문을 드려야겠습니다.

F. 맙소사, 방금 언급하신 질문에 대한 질문만은 제발 아니면 좋겠는데요.

A. 유감스럽지만, 바로 그 질문, 거대한 질문에 대한 질문입니다.

F. 제 두뇌가 거부합니다만.

A. 사이버네틱 장치를 한번 작동시켜 보세요. 당신 대신 질문을 이해하고 대답도 해주지 않겠습니까.

N. 존경하는 알트만 씨, 혹시 그 질문을 좀 아껴두시는 게 어떨까요? 대신 이 자리에서는 실제적인 과제들을 해결하는 데 좀더 집중하는 편이 좋지 않을까요? 정말로 새롭고 무한한 우주 공간이 열리고 있는 게 사실이지 않습니까? 실제로 이미 성층권에 진입해 있는 상태니까요. 오늘날 우리는 이미 달에 대해서도 너무 정확하게 알고 있습니다. 달에 있는 30미터 높이 언덕까지 구분할 수 있으니까요. 예를 들어, 만약에 피라미드나 마천루 혹은 쾰른 대성당 같은 건물이 달에 세워져 있다면 우리는 그것들을 선명하게 볼 수 있을 겁니다. 상상조차 못했던 발명들이 우리를 기다리고 있습니다. 선생님께서는 그런 새로운 세계의 소리를 듣고 싶지 않으십니까? 존경하는 알트만 씨, 선생님의 역사적 감각을 십분 존중합니다만, 아무리 역사적 지식이라고 해도 새로운 세계가 열리고 있는 마당에 사람의 눈을 멀게 만들어서는 안 되는 법입니다.

3

A. 그런데 여기서 도대체 뭐가 새로운 걸까요? 그리고 누구의 눈이 먼 걸까요? [하지만] 이 부분을 검증하려면 시간이 좀 걸리겠군요. 그러면 이제 제가 질문을 드려도 될까요?

F. 선생님의 그 질문에 대한 질문만 아니라면, 좋습니다.

A. 아직 거기까지 가진 않겠습니다. 오늘날 우리의 세계정세 부분으로 다시 돌아가 봅시다. 동서 대립으로 말입니다. 이건 동시에 땅과 바다의 대립이라고 말씀드렸지요. 그러면, 맥퓨처 씨, 당신이 생각하기에 오늘날 이 세계-대립Welt-Gegensatz의 배후에 무엇이 숨겨져 있을 것 같습니까? 우리 모두를 이토록 짓누르고 있는 전 지구적 이분법Dualismus의 핵심이 무엇입니까?

F. 그건 저도 말씀드릴 수 있겠네요. 오늘날 전 지구적 차원의 동서 대립은 결국 기술 산업 발달의 격차와 간극 외에 다른 것이 아닙니다. [주로] 해양 민족들로 구성된 서구가 기술과 산업의 측면에서 [훨씬] 앞서 있습니다.

이게 전부입니다. 산업혁명과 기술의 진보가 문제인 것입니다. 해양의 서구는 대륙의 동구에 비해 산업혁명을 훨씬 더 멀리 밀고 나아갔습니다.

A. 제가 보기에도 그렇습니다. 그렇다면 우리는 토론을 이어가기 위한 공통의 토대를 마련한 셈입니다. 따라서 산업혁명과 기술 진보라는 이 주제에 집중하는 편이 최선일 것입니다. 이때 우리가 유념해야 할 점은 기술의 가치 혹은 무가치를 두고 곳곳에서 날마다 벌어지는 저 지긋지긋하고 무익한 논쟁에 휘말리지 말아야 한다는 것입니다. 당신도 아시겠지만, 어떤 이들은 기술을 저주합니다. 악마의 농간이자 재앙이라는 거죠. 다른 이들은 기술을 찬양합니다. [마치] 낙원으로 통하는 길인 양 말입니다. 혼란스럽기 짝이 없는 이런 논쟁은 제쳐두는 게 좋겠습니다. 대신 최대한의 객관성을 기해서 이렇게 물어보도록 합시다. 우리의 운명이 되어버린 이 산업혁명이라는 것은 어디서 유래했을까요? 산업혁명의 기원은 무엇이고 고향은 어디일까요? 무엇이 발단이었고, 무엇이 가장 내밀한 동력이었을까요?

N. 산업혁명이 어디서 유래했는지는 우리 모두 알고 있죠. 산업혁명은 18세기 영국에서 유래한 것입니다. 모든 교

과서에 [구체적인] 시기가 기록되어 있습니다. 1735년 최초의 석탄 난로, 1740년 [최초의] 주강鑄鋼, 1768년 [최초의] 증기 기관, 1769년 노팅엄 최초의 근대식 공장, 1770년 [최초의] 방적기, 1786년 [최초의] 직조기 등에서 [출발하여] 1825년 [최초의] 증기 기관차까지 이어지죠.

A.	이론이 있을 수 없죠. 산업혁명은 영국에서 유래했습니다. 제가 볼 때 여기서 아주 중요한 점은 산업혁명이 영국이라는 섬Insel에서 유래했다는 사실입니다.

N.	선생님께서는 또다시 지정학 이야기를 하시려는 겁니까? 이게 섬과 무슨 관련이 있습니까? 산업혁명이 섬에서 발생했다는 것은 순전히 우연일 수도 있지 않습니까.

A.	그냥 아무 섬을 말하는 게 아닙니다. 산업혁명이 발생하지 않은 섬이 [족히] 수천 개는 있죠. 가령, 시칠리아도 섬입니다. 오래된 유황 광산이 있는 섬이죠. 산업혁명이 오직 영국에서, 그것도 18세기에 일어났다는 사실은 영국이라는 섬에 필경 어떤 특수한 역사적 사정이 있음을 뜻합니다. 두 분께 18세기 영국 섬의 역사적 특수성이란 무엇인지, 그리고 그것이 어떤 점에서 유일무이하

고 비교 불가한 것인지를 이제 말씀드려 보겠습니다. 산업혁명이 발생한 영국 섬은 정말로 아무 섬 중의 하나가 아닙니다. 그 섬은 아주 확고한 역사적 발전 단계를 밟아왔고, 또 놀라운 행보를 보였던 섬입니다. 다시 말해, 영국은 그 이전의 두 세기 동안 육지적 실존에서 해양적 실존으로의 이행을 [이미] 완료한 섬입니다.

N.   하지만 영국인들은 이미 중세 시대에 해운Schiffahrt에 뛰어들지 않았습니까?

A.   물론 그랬습니다. 물론 다른 민족들에 비해서는 하잘것 없는 수준이었죠. 가령 포르투갈, 바스크, 베네치아 혹은 한자 동맹에 견주면 말입니다. 16세기까지 영국 섬은 유럽 대륙에서 떨어져 나온 한 조각 땅덩이에 지나지 않았습니다. [오히려] 단단한 육지를 선망하는 입장이었죠. 15세기만 해도 영국의 기사들 역시 다른 여느 나라의 기사들처럼 프랑스 땅에서 노획물을 왕창 챙겨 가곤 했습니다. 오를레앙의 처녀[잔다르크]의 시대를 떠올려보면 됩니다! 16세기까지 영국인들은 목축 민족이었습니다. 플랑드르 지역으로 양모를 내다 팔던 민족이었지요. 양모는 여기서 다시 직물로 가공되었고요. 그런데 이 목축 민족이 16세기와 17세기를 지나면서 뱃사공 민

족으로 탈바꿈했습니다. 이제부터 이 섬은 대륙에서 얼굴을 돌립니다. 그리고 저 거대한 세계 대양을 바라보기 시작합니다. 영국은 닻을 올리고 [대륙 항구를 떠나] 대양적 세계 제국이라는 거대 권력체로 발돋움합니다.

N. 영국이 그렇게 세계에서 가장 강력한 해양 권력으로 발전하기까지는 두 세기 넘는 시간이 필요했습니다. 제가 보기에 영국인들 대부분이 그런 계획을 염두에 두고 행동했을 리는 없을 것 같습니다.

A. 그렇겠지요. 잘 알려진 대로, 영국의 위대한 역사가 [존 로버트] 실리John Robert Seeley는 심지어 이렇게 말했습니다. "정신 나간 상태에서 한 번 일으킨 발작으로 우리는 세계를 정복했다." 하지만 누가 이런 걸 한번 흉내라도 낼 수 있겠습니까! 여기서 우리는 산업혁명을 골자로 하는 역사적 시대를 만들어낸 결정적 동인이 무엇이었는가에 대해 이야기하고 있죠. 영국은 상대적으로 늦게, 그러니까 1570년 이후에야 비로소 위대한 발견의 시대에 성공적으로 참여할 수 있었습니다. 영국은 또 아메리카와 아시아 대륙의 거대한 육지를 [식민지로] 취득하는 사업Landnahme에도 뒤늦게 뛰어들었습니다. 그럼에도 불구하고 영국은 유럽의 모든 경쟁국을 물리쳤습

니다. 포르투갈, 스페인, 네덜란드, 그리고 프랑스까지
압도했죠. 그리고 무엇보다 오직 영국인들만 위대한 해
양 취득 사업Seenahme을 완수했습니다. 오직 그들만이
세계 해양의 통치권을 획득할 수 있었습니다.

N. 그런데 그게 우연인가요, 아니면 업적인가요, 이도 저도
아니면 그건 뭐였을까요?

A. 방금 인용한 것처럼 영국은 "정신 나간 상태"였지만, 그
래도 그건 우연이 아니었고, 또 업적이 아니라고 할 수
도 없습니다. 그렇지만 16, 17세기의 영국인들이 경쟁
국이었던 포르투갈, 스페인, 네덜란드, 프랑스의 동시대
인들보다 도덕적으로 더 낮거나 지적으로 더 뛰어났기
때문에 [그런] 업적을 세울 수 있었다는 뜻은 아닙니다.
다만 그들은 유럽의 다른 어떤 경쟁국도 이루지 못했던
일을 이뤘을 뿐입니다. 다시 말해, 영국인들은 시대의
역사적 부름에 응답했고 또 부응했던 것입니다.

N. 그러면 그 시대의 부름이란 무엇이었습니까?

A. 그것은 세계 대양이 자신을 개방하면서 부르는 소리였
습니다. [바로] 이 점에서 17세기 영국인들은 다른 모

든 항해 민족과 구별됩니다. 이들은 내륙해[지중해] 안에 머물러 있었고, 감히 대양으로 나아갈 엄두를 내지 못했습니다. 그러니까 예컨대 고대 그리스 민족이 그랬죠. 플라톤이 다소 악의적으로 말하기도 했지만, 그들은 마치 개구리처럼 해안에 붙박여 있었습니다. 아니면 베네치아를 떠올려봐도 되겠네요. 이들은 연안적인 thalassisch 상태로 남았습니다. [반면] 영국인들은 대양적인ozeanisch 민족으로 거듭났죠. 이 당시, 유럽의 위대한 발견의 시대에 유능하고 심지어 우수했던 다른 여러 민족은 이 부름을 전혀 듣지 못했습니다. 대양이 자신을 개방하면서 부르는 소리를 듣지 못한 겁니다. 혹은 [들었어도] 따르지 않았습니다. 아니면, 따르려고 했지만 결국 실패한 것일 수도 있겠죠. 스페인 사람들은 대서양 건너편의 [아메리카] 대륙을 전부 정복했습니다. 하지만 그들은 그렇게 엄청난 육지 취득 사업을 추진하는 과정에서 소진되고 말았습니다. 그들은 대양의 항해 민족이 되지 못했습니다. 그들은 전래된 육지적 실존의 바탕 위에 머물러 있었습니다. 다른 민족들, 포르투갈과 그에 뒤이어 네덜란드 사람들은 자신을 개방한 대양의 부름을 따르려고 했습니다. 하지만 그들은 기반이 부실했고, 그런 탓에 대륙으로부터 완전히 분리되는 일에 성공하지 못했습니다. 이 맥락에서 특히 비극적인 것은 프랑스의 역사입니다. 새로운 대양의 외침을 프랑스 선원들보다 더 또렷하게 감지한 민족은 없을 겁니다. 이들보다 더 대담하게 그 소리를 따르려고 한 민족도 없을 겁니다. 하지만 프랑스는 17세기에 로마 가톨릭주의를 따르기로 결단합니다. 그리고 당시에 이것은 곧 땅과 대지를 향한 결단을 뜻했습니다. 모든 유럽의 발견자들은 오로지 땅만 취득했습니다. 오직 영국만이 위대한 도약을 감행했고, 땅에서 바다로의 이행, 육지적 실존에서 해양적 실존으로의 이행을 완수했습니다.[6]

6   참고로, 니콜라우스 좀바르트는 유대인으로서는 유일하게
     영국 총리 자리에 오른 벤저민 디즈레일리Benjamin Disraeli의
     초상화가 슈미트의 베를린 자택 서재에 걸려 있었다는 사실을
     회고하며 유대인 문제가 슈미트 사유의 핵심이라고 주장한다.
     비슷한 맥락에서 디즈레일리가 19세기 영국의 발전을 주도한
     인물이었다는 점 역시 유념해야 할 사실이다. 유대인 문제와 영국
     문제는 슈미트의 정치신학, 정치인간학, 그리고 지정학을 두루
     관통하는 핵심 사안 중 하나다. Nicolaus Sombart, *Jugend in Berlin:
     1933-1943 Ein Bericht*, Frankfurt am Main: Fischer, 1991, p. 20
     참조.

4

N.　선생님께서 제시하신 표상, 즉 자신을 개방하는 대양의 부름과 [그에 따른] 우리 시대[근대]의 시작이라는 표상Bild은 저에게 매우 인상적으로 다가옵니다. 그럼에도 불구하고 [우리의] 본래 질문, 즉 산업혁명의 문제는 여전히 해결되지 않았습니다. 알트만 씨, 혹 잊으셨을까 싶어 말씀드립니다만, [위대한] 발견의 시대는 동시에 육지의 부름이 일어난 시대이기도 합니다. 당시, 그러니까 16, 17세기에는 대양만이 아니라, [유럽] 대륙의 국가들도 자신을 개방했습니다.

A.　그 부분을 상기시켜 주시니 좋군요, 노이마이어 씨. 땅과 바다의 이중적 부름, 이미 여기서 오늘날의 세계-이분법Welt-Dualismus을 만든 최초의 맹아가 표현되고 있습니다. 땅과 바다의 이분법이지요. 그리고 땅과 바다의 원소적 차이도 드러나고 있습니다. 영국인들은 대양을 취득했고, [반면] 러시아인들은 모스크바에서 시베리아에 이르는 대륙을 취득하여 순수하게 대륙적인 팽창을 완수했습니다. 하지만 얼마나 기묘합니까? 그렇게 큰 대륙을 취득한 러시아에서는 어떤 산업혁명도 일

어나지 않았습니다. 산업혁명은 영국이라는 섬에서 발생했지요. 해양적 실존으로의 행보를 감행한 덕분에 이 섬의 역사적 상황은 다른 어떤 곳과 도저히 비교조차 할 수 없는 것이 되었습니다.

N. 정말 기발한 관점이라 생각됩니다! 어째서 대륙에서는 그런 훌륭한 산업혁명이 발생할 수 없었던 걸까요?

A. 당신이 방금 한 말에 들어 있는 "할 수 없었던hätte"과 "그런 훌륭한ebensogut"이라는 표현이 제게는 훨씬 더 기발한 것으로 느껴집니다. 만약 이런저런 사건들이 다르게 전개되었더라면 어떻게 되었을까, 이런 이야기를 즐겨 풀어내는 사람들이 있죠, 물론. 심지어 유명한 역사가들도 그러곤 합니다. 가령 프리드리히 대제가 마리아 테레지아 여제와 결혼했더라면, 나폴레옹이 워털루 전투에서 이겼더라면, 혹은 1941년 겨울이 그토록 춥지 않았더라면 등등 말입니다. 저에게는 그런 비현실적인 문장들이 [오히려 더] 기발하게 들립니다.

위대한 역사적 사건들은 일회적이고, 철회할 수 없으며, 반복 불가능합니다. 하나의 역사적 진리는 오직 한 번만 참됩니다.[7]

N. 그러면 산업혁명은 도대체 왜 [세계] 곳곳에서 발생할 수 없었던 걸까요?

A. 우리는 구체적으로 오늘날 우리의 운명이 되어버린 산업혁명에 대해 이야기하고 있죠. 18세기 영국 외에 다른 어떤 곳에서도 산업혁명은 일어날 수 없었습니다. 그러니까 산업혁명이란 기술 진보의 폭발을 의미하는데, 기술 진보의 폭발이란 오직 해양적 실존의 차원에서만 이해할 수 있는 사건이라는 뜻입니다. 더욱이 기술의 폭발적 진보는 해양적 실존 안에서 일정 부분 의미를 획득합니다. 기술 발명은 [세계] 곳곳에서, 모든 시대에 일어났습니다. 영국인들의 기술적 재능이 다른 민족보다 더 뛰어났던 것도 아닙니다. 초점은 기술 발명으로 무슨 일이 벌어졌는가에 오롯이 맞춰져야 합니다. 그리고 이것은 어떤 틀 안에서, 다시 말해 어떤 구체적 질서 안에서 그런 기술 발명이 일어났는가에 따라 답이 달라지는 문

7 이 두 문장은 1949년 슈미트가 칼 뢰비트의 『역사의 의미』를 읽고 쓴 서평 「기독교 역사상의 세 가지 가능성」에 나오는 문장을 변주한 것이다. 해당 서평에서 슈미트는 이렇게 적었다. "본질상 기독교는 도덕이나 교리, 참회를 촉구하는 설교가 아니며, 비교종교학적 의미에서의 종교도 아니다. 기독교는 점유할 수도 전유할 수도 없는 무한한 유일회성의 역사적 사건이다." Carl Schmitt, "Drei Möglichkeiten eines christlichen Geschichtsbildes," *Universitas* 5(1950), pp. 927~31 참조.

제입니다. 육지적 실존의 고정된 질서에 종속되는 경우, 그리고 이 질서에 기입되고 규정되는 경우보다, 해양적 실존의 테두리 안에서 일어날 때 기술 발명은 훨씬 자유롭고 거침없는 형태로 전개됩니다. 중국인들은 화약을 발명했지요. 어떻게 보더라도 당시 유럽인들이 중국인들보다 더 똑똑했다고 할 수 없습니다. 유럽인들도 똑같이 화약을 발명했지만 말입니다. 하지만 당시 중국의 순수하게 대륙적인 질서가 [허락하는] 자유의 틀 안에서 화약은 기껏해야 장난감으로, 또는 불꽃 축제용으로 쓰이는 정도였습니다. [반면] 유럽에서 화약은 알프레드 노벨과 그 후예들의 발명으로 이어졌지요. 산업혁명을 견인한 그 모든 발명, 즉 석탄 난로, 주강, 증기 기관, 방적기 등등, 이 모든 발명품을 만든 18세기 영국인들은 결코 다른 시대 사람들, 대륙의 다른 나라에 살던 사람들보다 더 천재적인 사람들이 아니었습니다. 이들 중 일부는 저 18세기 발명품 중 몇 가지를 만들기도 했죠. 기술 발명은 어떤 더 높고 비밀스러운 정신의 계시가 아닙니다. 기술 발명은 해당 시대에 종속됩니다. 그것은 해당 시대의 인간들을 둘러싼 총체적 실존이 어떤 형태인가에 따라 쇠락하기도 하고 발전하기도 합니다. 그래서 저는 [결론적으로] 이렇게 말씀드리겠습니다. '산업혁명을 개시한 발명들은 오직 해양적 실존으로의 행보를

감행한 곳에서만 산업혁명을 위한 동력으로 작용할 수
있었다.'

N. 영국의 사례는 저로서도 분명히 수긍이 됩니다. 하지만
    폭주하는 기술과 해양적 실존 사이의 관계가 정말로 보
    편적인 필연성을 갖는 것인가, 이 점에 대해서는 여전히
    모르겠습니다.

A. 지금 당신은 엄청난 주제를 건드린 셈입니다. 오늘은 당
    신께 이 말씀을 드리는 것으로 만족해야 할 것 같습니
    다. 어떤 구체적인 질서를 보유했건 간에 모든 육지적
    실존의 중심과 핵심은 집입니다. 집, 재산, 명예, 가족,
    상속권, 이 모든 것은 육지적 현존Dasein의 토대Grundlage
    위에서 형성됩니다. 특히 농부Ackerbauer의 현존이 그렇
    습니다. 우리가 농부라고 부르는 사람들은 농사일을 한
    다는 이유로, 혹은 농토를 경작한다는 이유로 농부라는
    이름을 갖는 것이 아닙니다. [독일어로] 농부Bauer라는
    말은 [집을] 짓는 사람이라는 뜻입니다. 즉 그에게 소속
    된 건물Gebäude, 그리고 그가 소속된 건물에 따라 지어
    진 이름입니다. 그러니까 육지적 실존의 핵심은 집입니
    다. 반대로 해양적 실존의 핵심은 배입니다. 배는 그 자
    체로 집에 비해 훨씬 많은 것을 갖춘 수단, 훨씬 더 집약

적으로 만들어진 기술적 수단입니다. 집은 정적이고, 배
는 운동입니다. 배가 운동하는 공간 역시 집을 둘러싼
풍경과는 다른 공간입니다. 따라서 배는 다른 환경과 다
른 지평을 갖습니다. 배에 탄 사람들은 서로에 대해, 그
리고 외부 환경에 대해서도, [육지와는] 다른 방식으로
사회적 관계를 맺습니다. 그들은 자연에 대해, 무엇보다
동물에 대해 본질적으로 다른 입장을 취합니다. 육지의
인간은 코끼리, 낙타, 말, 개, 고양이, 소, 당나귀 등 자신
이 소유한 모든 동물을 사육하며 길들입니다. 이에 반해
물고기는 길들일 수 없고, 다만 먹어치울 수 있을 뿐입
니다.

N. 존경하는 알트만 씨, 선생님께서는 심연을 열어젖히고
계십니다.

A. 부디 해량하십시오. 육지적 실존과 해양적 실존의 차이
가 만들어낸 아득한 심연을 설명하려고 몇 가지 예를 든
다는 게 그만 이렇게 딴 길로 새고 말았습니다. 우리가
알아보려고 했던 것은, 폭발하는 기술과 함께 전개된 산
업혁명은 어째서 해양적 실존에만 가능했는가 하는 점
이었죠. 집을 중심으로 구성되는 육지의 질서는 기술에
대해 배를 중심으로 삼는 실존 방식과는 필연적으로 다

른 태도를 취할 수밖에 없습니다. 기술의 절대화, 기술 진보의 절대화, 기술 진보와 [사회] 발전의 동일시, 요컨대 "폭주하는 기술"이라는 표제어 아래 모일 수 있는 모든 것은 오직 해양적 실존이라는 전제 아래, 해양적 실존이라는 배양지 위, 그리고 해양적 실존이라는 기후 안에서만 발전할 수 있습니다. 자신을 개방하는 세계 대양의 부름에 응답해 해양적 실존으로의 행보를 완수함으로써 영국 섬은 발견의 시대라는 역사적 부름에 웅장한 역사적 대답을 내놓은 것입니다. 하지만 [이를 통해] 그들은 동시에 산업혁명과 새로운 시대의 시작을 위한 전제 조건을 창출한 셈입니다. 이 새로운 시대의 문제들이 오늘날 우리를 엄습하고 있죠.

N.　무슨 말씀을 하시려는 건지, 그리고 산업혁명을 이해하는 문제에 있어 해양적 실존이 선생님께 왜 그토록 특별한 의미를 갖는지, 이제 좀 이해할 것 같습니다. 만약 제가 역사적 부름에 관한 선생님의 서사Konstruktion를 도전[과 응전]을 주축으로 하는 아널드 토인비의 방법론에 견줄 수 있다고 말한다면, 그러면 제가 제대로 이해한 걸까요? 스무 개가 넘는 다양한 문명 혹은 문화를 기술하면서 토인비는 어떤 특정한 역사적 상황에서 어떤 도발, 그가 쓴 용어를 가져오자면, 어떤 도전이 주어졌

는지를 [먼저] 묻고, 그런 다음 다양한 문화들이 거기에
어떻게 응답했는지를 서술하는 방식을 채택했습니다.

A. 전적으로 타당합니다, 노이마이어 씨. 애당초 제가 하
려던 일 자체가 토인비의 말을 그대로 옮기는 것 그 이
상도 그 이하도 아니었습니다. 아니, 그의 방법론을 고
스란히 옮겨 오는 것이라고 말할 수도 있겠습니다. 하지
만 저는 [어디까지나] 구체적인 현실에 머무르려 할 뿐,
존재할 수 있는 모든 문화와 시대를 탐구하지는 않습니
다. 저의 질문은 다만 한 가지 구체적인 질문을 향해 있
습니다. 이 질문에 대한 답을 통해 산업혁명으로 탄생한
우리 시대를 역사적으로 해명할 수 있을 것입니다. 그것
은 산업혁명의 부름, 혹은 [더 적확한 표현을] 원하신다
면, 산업혁명의 도전에 대한 질문입니다. 이 질문이 저
는 과거 여러 시대의 지나간 부름에 대한 그 어떤 질문
보다 더 중요하고 더 도발적인 질문이라 생각합니다. 가
령, 이집트 문화가 피라미드를 건설한 것은 어떤 도전을
받았기 때문인가라는 질문, 혹은 토인비가 서술한 스무
개가 넘는 문화들 가운데 특정 문화에 대해 던지는 다른
어떤 질문보다 산업혁명의 도전에 대한 질문이 훨씬 중
요합니다. 더불어 저는 우리의 위대한 질문에 대한 질문
*unsere große Frage nach der Frage*에 한 가지 분명하고 구체

적인 답을 당신에게 말씀드리겠습니다. 산업혁명은 해양적 실존으로의 이행에 꼭 어울리는 두번째 단계입니다. 그리고 해양적 실존으로의 이 이행은 자신을 개방한 세계 대양의 도발Herausforderung, 혹은 [더 적확한 표현을] 원하신다면, 세계 대양의 도전에 영국 섬이 제출한 위대한 역사적 응답이었습니다.

N.   그러면 토인비 자신은 산업혁명과 폭발하는 기술에 대해 어떻게 해석하고 있습니까? 영국인이자 역사가로서 그는 필경 이 문제에 대해 가장 잘 알고 있는 사람이지 않겠습니까. 틀림없이 이 질문은 그에게 이집트, 히타이트, 아즈텍 문명이 직면했던 도전이 무엇이었는가라는 질문보다 더 피부에 와닿는 질문이었을 겁니다.

A.   토인비가 뭐라고 말했는지 직접 들어보세요. 그는 이렇게 말합니다. "근대 기술은 17세기 말경 우리의 문화로부터 떨어져 나간 파편Splitter이다."[8] 들으셨죠? 떨어져 나간 파편이라는 겁니다! 실제로 기술은 떨어져 나간 게 아닙니다. 파편은 더더욱 아닙니다. 실제로 통째로

8   A. J. 토인비, 『세계와 서구』, 이양기 옮김, 이문출판사, 1983, p. 59. 슈미트의 인용에는 토인비의 "종교적 핵심religious core"이라는 표현이 누락되어 있다.

떨어져 나간 건 [영국이라는] 섬이죠. [유럽이라는] 본토Festland로부터 떨어져 나간 겁니다. 그리고 해양적 실존으로의 행보를 감행했죠. 그에 뒤이어 나온 것이 산업혁명이고, 기술 진보의 폭발입니다. 이렇게 해서 위대한 질문에 대한 질문에 대한 답을 당신에게 드린 셈입니다. 그리고 산업혁명이란 무엇에 대한 응답이었나 하는 점도 말씀드렸습니다. 산업혁명은 17세기에 발생한 위대한 질문, 부름 혹은 도전에 대한 응답이었습니다. 그것은 세계 대양의 부름에 대해 영국이 내놓은 대답의 일부였습니다. 발견의 시대에 인간을 향해 자신을 개방한 세계 대양의 부름에 대해서 말입니다.

5

F. 방금 하신 말씀은 굉장합니다, 존경하는 알트만 선생님! 제가 드렸던 말씀과 정확하게 일치하는 이야기입니다. 선생님과 저는 완전히 같은 견해를 갖고 있습니다. 보십시오, 위대한 발견의 시대 당시에 모험심 강한 인간들이 새로운 세계를 발견하고 열어젖혔습니다. 오늘날의 우리는 400년 전보다 훨씬 더 장대한 발견의 시대를 살아가고 있습니다. 그러니까 우리도 똑같이 열어젖히고 있는 겁니다. 하지만 우리는 [400년이라는] 시간의 간극만큼 더 굉장해진 수단을 가지고서, 그만큼 더 커진 공간을 열어젖히고 있습니다. 그때는 지구의 대양이 자신을 개방했죠. 그건 엄청난 일이었지만, 어쨌든 [지구라는] 우리의 작은 행성에 결부된 공간, 현세의 공간에서 일어난 일입니다. 오늘날 우리에게는 우주 전체의 무한한 공간이 자신을 개방하고 있습니다.

A. 그러니까 오늘날 우리에게 발생하고 있는 일은 말하자면 우주 전체의 부름이라는 말인가요?

F. 정확합니다. 그 점에 대해서는 추호도 의심할 수 없습니

다. 제가 보기에, 진정한 발견의 시대는 이제야 비로소 시작되었습니다. 오늘날의 부름, 혹은 선생님께서 쓰신 용어를 빌리자면, 오늘날의 도전은 당시에 비해 얼마나 더 어마어마합니까! 이른바 발견의 시대, 그 당시의 공간이란 건 얼마나 협소했습니까! 이에 반해 오늘날 우리에게 열리고 있는 공간, 성층권의 공간이든 아니면 성층권 너머에 있는 우주 공간이든, 하여간 이 공간은 얼마나 광대합니까!

A.   친애하는 맥퓨처, 당신은 지금 우주 공간의 부름 혹은 도전에 대해 이야기하고 있습니다. 그런데 지구 바깥의 우주 공간은 대체 어떤 이유에서 400년 전 지구의 세계 대양이 인간을 향해 자신을 개방했던 것과 흡사한 방식으로 오늘날 우리에게 자신을 개방하고 있는 것입니까? 우주로부터 오는 부름 혹은 도전은 어디에 있습니까? 제가 보고 듣기로는, 당신은 폭발하는 기술의 수단과 방법을 가지고서 우주 공간을 노크하고 있을 따름입니다. 온 힘을 다해 그 공간으로 들어가려고 애쓰고 있을 따름입니다. 하지만 비행접시에 관해 떠도는 [몇몇] 소문들을 제외한다면, 제가 보고 듣기로는 그 어떤 부름도 도발도 [아직] 존재하지 않습니다.

F.　저, 알트만 선생님, 한 번만 결례를 무릅쓰겠습니다. 선생님께서 개인적으로 그 부름을 들으셨는지의 여부는 전혀 본질적인 사안이 아닙니다. 당시에도, 그러니까 400년 전에도 대부분의 사람들은 [무슨 일이 벌어지고 있는지를] 제대로 인식하지 못했습니다. 그리고 무엇보다, 그 당시에도 [새롭게] 발견된 땅이 어떤 공간인지 먼저 질문한 사람은 없었습니다. 콜럼버스도, 코르테스도, 피사로도, 혹은 그 외 어떤 발견자도 멕시코의 아즈텍 문명, 페루의 잉카 문명, 혹은 그 밖에 아메리카 원주민들의 동의를 구한 적은 없습니다. 콜럼버스나 다른 발견자들이 당시에 무슨 아메리카 원주민이 발급해 준 비자 같은 걸 가지고 새로운 세계를 여행한 게 아닙니다. 발견이 이루어지는 시점에 그 발견의 대상이 발급한 비자 같은 게 있을 리는 없잖습니까. 훌륭하신 알트만 선생님, 또 하나의 [다른] 가능성이 있을 수 있다는 생각을 해보셔야 합니다. 콜럼버스는 자신이 인도로 항해한다고 믿었습니다. 그리고 완전히 새로운 대륙, 아메리카를 발견했죠. 이런 대륙이 있을 거라고는 콜럼버스 자신은 물론이고 다른 누구도 상상조차 하지 못했습니다. 지금 우리도 달이나 화성으로 가는 도중에 완전히 새로운 행성, 누구도 상상하지 못했던 새로운 행성을 혹시 발견하게 될지 누가 알겠습니까. 하늘과 땅 사이에서는 지금까

지 그 숱한 역사가들과 노벨상 수상자들이 꿈꿨던 것보다 더 많은 [엄청난] 일들이 벌어질 수 있는 겁니다.

A. 그 말씀은 기꺼이 받아들일 수 있습니다. 하지만, 친애하는 맥퓨처, 저에게는 점점 더 분명히 보입니다. 당신의 이야기대로라면, 우주 공간으로의 진출은 더 확장되고 더 개선된 형태의 신대륙 발견일 뿐입니다.

F. 그게 틀렸다고 생각하시는 건가요? 방금 드린 말씀은 제 주장이 옳다는 증거가 아닐까요? 존경하는 알트만 선생님, 선생님의 역사적 감각이라면 분명 제 이야기를 남김없이 이해하셨을 텐데요.

A. 역사적 감각 덕분에 저는 반복에 기만당하는 일이 없습니다. 보세요, 맥퓨처, 우리 독일인들은 1914년 제1차 세계대전을 시작했습니다. 그때 우리는 1870~71년 전쟁처럼 결국 승리할 거라고 굳게 믿었습니다. 1870~71년 겨울 포위된 프랑스인들은 파리를 버리고 달아났죠. 그때 그들은 1792년 대혁명 때처럼 결국 자신들이 승리할 거라고 믿었습니다. 1932년 미국 [국방] 장관 [헨리 L.] 스팀슨Henry L. Stimson이 그 유명한 스팀슨 독트린을 발표했을 때, 그때 그는 1861년 남북전쟁을 시작했을 때

처럼 결국 자신들이 승리할 거라고 믿었습니다. 인간에게는 자신이 경험한 가장 가깝고 위대한 역사적 사건을 영원한 것으로 만들고 싶은 욕망, 도저히 거스를 수 없는 욕망이 있습니다. 다름 아닌 역사적 감각을 갖춘 덕에 저는 그런 재탕 욕망을 경계할 수 있습니다. 저의 역사적 감각은 무엇보다 모든 위대한 역사적 사건은 반복 불가능한 일회성을 지닌 것이라는 사실을 저에게 [거듭] 상기시켜 줍니다. 하나의 역사적 진리는 오직 한 번만 참됩니다. 새로운 시대가 준비하는 역사적 부름, 역사적 도전 역시 오직 한 번만 참됩니다. 따라서 일회적인 부름에 대해 주어지는 역사적 응답 또한 오직 한 번만 참되고, 오직 한 번만 옳습니다. 이 사실을 항상 유념하고 있기란 쉬운 일이 아닙니다, 맥퓨처. 역사적 부름과 그에 대한 올바른 대답에서 출발한 시대가 [당대 사람들에게] 남기는 인상은 너무나 강렬합니다. 그리고 무엇보다, 자신의 승리 역시 오직 한 번만 참되다는 사실을 승리자 자신이 파악하기란 [결코] 쉬운 일이 아닙니다.

F. 그 말씀은, 새로운 역사적 부름에 대해 제가 낡은 대답을 내놓았다는 뜻인가요?

A. 바로 그 말을 하고 싶었습니다, 친애하는 맥퓨처. 우주

로의 진출을 이야기함으로써 당신은 낡은 대답을 내놓은 겁니다. 오늘날의 부름은 대양이 자신을 개방하던 시대의 부름과 더 이상 동일한 것이 아닙니다. 그러므로 당시에 제시된 대답은 오늘날의 상황에는 더 이상 들어맞지 않습니다. 과거에 제시된 대답을 아무리 확장하거나 개선한다 한들, 잘못 짚는 겁니다. 아무 소용 없습니다. 당신이 폭주하는 기술을 우주로 끌고 들어가려고 아무리 애를 써도, 헛수고입니다. 가령 당신이 지구, 그러니까 우리가 살고 있는 이 별을 떠나서 우주를 유영할 수 있는 우주선Raumschiff을 만들었다고 칩시다. 그것 역시 새로운 역사적 부름이라는 현실에 직면해서는 아무 도움이 안 됩니다.

F.   존경하는 알트만 선생님, 그러면 그 새로운 부름이 대체 무엇이고 우리는 무엇을 해야 하는지를 말씀해 주십시오!

N.   친애하는 맥퓨처, 부름에 대한 질문을 통해 당신 자신이 위대한 질문에 대한 질문을 제기한 셈입니다. 하지만 우리의 훌륭하신 알트만 선생님께 그런 식으로 질문을 던져서야 되겠습니까. 알트만 선생님은 역사가신데, 역사가가 어떻게 미래를 알겠어요? 역사가의 얼굴은 과거를

향해 있습니다. 역사가가 알 수 있는 거라곤 기껏해야 한 시대가 언제쯤 종말에 이르는가 정도일 겁니다. 저 유명한 미네르바의 올빼미처럼 말이죠.

A. 두 분 모두 저한테 그렇게 신경 쓸 필요는 없습니다. 저는 이렇게 생각합니다. 새로운 질문에 대해 낡은 대답으로 응수하지 않는 것만 해도 벌써 어떤 소득을 거둔 셈입니다. 오늘의 새로운 세계를 어제의 새로운 세계에나 통하던 도식에 맞춰 설계하려고 하지 않는 것만 해도 이미 상당한 성취를 이룬 것입니다. 저의 개인적인 추측으로는 새로운 부름이 성층권 너머에서 올 것 같지 않습니다. 저는 폭주하는 기술이 인간에게 새로운 공간을 열어 주기보다 오히려 인간을 [더 좁은 공간에] 가둘 거라고 봅니다. 현대 기술은 필수적이고 유용하죠. 하지만 오늘날에도 여전히 부름에 대한 응답이 되는 것은 기술로서는 요원한 일입니다. 기술은 [인간의] 새로운 욕구, 일정 부분 그 자신이 부추겨서 생기는 욕구를 항상 만족시켜 줍니다. 어쨌든 기술은 그 자체로 질문의 대상이지, 결코 대답은 아닙니다. 맥퓨처, 아까 당신은 현대 기술이 우리의 지구를 우스꽝스러울 정도로 작게 만들었다고 말씀하셨죠. 바로 그 이유에서 새로운 부름이 나올 수 있는 새로운 공간은 [오직] 우리의 대지 위에auf 생성

되어야 합니다. 저 우주 바깥 어딘가가 아닙니다. 현재의 부름에 어떤 [적합한] 대답을 줄 수 있는 사람은 폭주하는 기술에 의지해 달이나 화성을 탐사하려는 사람이 아니라, 바로 그 폭주하는 기술을 포획하고 제어해 구체적 질서에 편입시킬 수 있는 사람입니다. 폭주하는 기술을 제어하는 것, 이것이 말하자면 새로운 헤라클레스의 업적이 될 것입니다. 제 귀에는 바로 이 방향으로부터 현재의 새로운 부름, 도전[의 함성]이 들려옵니다.

N. 친애하는 맥퓨처, 저도 그렇게 생각합니다. 우리는 달이나 화성으로 비행할 필요가 없어요. 현대 기술 덕분에 우리의 행성 자체 내에 새로운 공간이 이미 충분히 열리고 있으니까요. 굳이 우주까지 뚫고 나갈 필요가 없어요. 무엇보다 측정할 수 없는 바닷속 깊은 공간이 우리에게 열리고 있습니다. 바다는 지구 표면의 4분의 3을 덮고 있죠. 지금까지 인간은 다만 평면 공간, 그러니까 바다의 표면만을 생각해 왔어요. 하지만 지난 20년 사이 해저와 심해가 열린 덕분에 우리는 예기치 않게도 완전히 새로운 세계로 들어갈 수 있게 됐습니다. 듣도 보도 못한 새로운 생명체와 무한한 자원이 있는 세계죠. 제 귀에는 이 바닷속 깊은 곳으로부터 새로운 부름이 들려옵니다.

F. 선생님들, 죄송하지만, 제가 보기에는 두 분 모두, 그러니까 존경하는 알트만 선생님의 경우 새로운 질서, 그리고 선생님, 노이마이어 씨의 경우 바닷속 깊은 곳으로부터의 부름 말인데요. 저는 두 분 모두 충분히 웅장하지 못하다고, 아니 지나치게 간소하다고 생각합니다. 원론적으로 말해서, 저에게 새로운 부름 따위는 전혀 중요한 문제가 아닙니다. 우리에게는 충분한 추진력이 있습니다. 이게 더 중요한 겁니다. 넘치도록 충분한 추진력이 있죠. 저는 이 옹색한 지구에 머물기보다 기꺼이 달로, 화성으로 떠나는 편을 선택할 겁니다.

N. 친애하는 맥퓨처, 그렇다면 저희로서는 당신에게 즐거운 여행 하시라는 인사밖에는 더 할 말이 없을 것 같군요.

F. 네, 친애하는 노이마이어 씨, 저도 당신의 즐겁고 보람찬 심해 탐사를 기원합니다. 한데 존경하는 알트만 선생님께는 이제 저희가 무엇을 기원해 드리면 좋을까요?

A. 두 분 모두에게 정말로 감사합니다. 저를 위해 뭔가 새로운 걸 기원해 주실 필요는 없습니다. 당신들도 잘 아실 테지만, 저는 대지와 더불어bei, 대지 위에auf 머무를

겁니다. 저에게 인간이란 대지의 아들이고, 그가 인간인 한에서 계속 그렇게 남을 겁니다. 저는 두 분 역시 인간으로 남길 소망합니다. 맥퓨처, 당신이 달에 있건 아니면 화성에 있건 상관없이 말입니다. 그리고 친애하는 노이마이어, 당신이 바닷속 깊은 곳에 가더라도 말입니다. 하지만 헤어지기 전에 이 말씀은 드리는 편이 좋을 것 같습니다. 폭주하는 기술로부터 위협받고 있는 오늘날 우리의 대지, 이 대지 위에 있는 우리 모두에게 공통된 상황을 제가 어떻게 인식하고 있는지를 말입니다. 분명 두 분은 괴테의 『파우스트』 제2부가 어떻게 시작되는지 잘 아실 겁니다. 밤사이 끔찍한 악몽에 시달렸던 파우스트가 잠에서 깨어나 새롭게 동트는 대지를 바라보며 행복을 느끼는 장면으로 시작되죠. 덕분에 파우스트는 위로를 받고 새로운 기운을 얻습니다. 그래서 그는 이제 막 그에게 열린 새로운 세계를 향해 인사를 건넵니다. 이렇게 멋진 시구로 말이죠.

너, 대지여, 간밤에도 끄떡없었구나.[9]

9   참고로, 슈미트는 『땅과 바다』에서도 괴테의 『파우스트』를 중요한
     준거점으로 활용하는데, 흥미롭게도 이때 그가 인용한 구절은
     대지가 아니라 오히려 물의 근원성을 강조하는 내용을 담고 있다.

저도 그렇게 믿습니다. 핵폭탄의 위협이나 그에 버금가는 어떤 끔찍한 상황이 펼쳐지더라도 그 어두운 밤이 지나고 새 아침이 밝아오면, 잠에서 깬 인간은 여전히 굳건한 대지를 바라보며 대지의 아들로 태어난 사실에 새삼 고마움을 느낄 거라고 말입니다.

자, 이제 우리의 존경하는 친구이자 선생인 돈 카밀로에게 우리 세 사람 중 누가 옳은지 물어봅시다!

아이러니의 마지막 질문

─칼 슈미트의
정치인간학에 대한 시론

* 이 해제는 『유럽사회문화』 제35호(2025)에 게재된 옮긴이의 논문
  「아이러니의 마지막 질문」을 수정, 보완한 것이다.

오직 역사만이 아이러니가 정당화되는지
아닌지를 판단할 수 있다.
　　　　　　　　　　—쇠렌 키에르케고르

그러나 역사의 판단을 신뢰할 수 있을까?
　　　　　　　　　　—레프 셰스토프

1. 수력학으로서의 정치신학

제1차 세계대전이 발발하기 4년 전인 1910년, 영국 작가 G. K.
체스터턴은 이렇게 말했다. "로마가 불타고 있을 때 사부작대
는 것은 옳지 않다. 그러나 로마가 불타고 있을 때 수력학 이
론을 공부하는 것은 전적으로 옳다."[1] 그로부터 14년 뒤, 독일
시인 후고 발Hugo Ball은 칼 슈미트의『정치신학』에 대한 서평
에서 체스터턴의 이 말을 인용하고는 이렇게 빗대었다. "칼
슈미트는 수력학水力學, hydraulics 이론을 공부하는 무리에 속
한다."[2] 이 진술의 함의는 제1차 세계대전의 한복판에서, 즉

1　　G. K. Chesterton, *What's Wrong with the World*, New York:
　　　Dover, 2007, p. 9.

2　　Hugo Ball, "Carl Schmitts politische Theologie"(1924), Jacob
　　　Taubes, *Religionstheorie und politische Theologie, Band 1: Der Fürst
　　　dieser Welt*, München: Wilhelm Fink, 1983, p. 100.

로마를 넘어 전 유럽을 집어삼킨 화마火魔를 몸소 견뎌내며 치열하게 공부한 결과가 『정치신학』(1922)에 오롯이 담겨 있다는 것이다. 대화재 사건과 수력학 연구의 초현실적인 병치, 이 특이한 은유를 통해 시인은 저 비범한 인물이 향후 맞닥뜨리게 될 굴곡진 운명과 그에 따른 문제적 사상의 탄생을 어쩌면 미리 점친 것인지도 모른다.

그리고 마치 자신의 예언을 확증하기라도 하려는 듯, 같은 글에서 발은 슈미트에 대해 한층 기이한 인상 비평을 전개한다. "그는 비단 법의 이념을 인식하는 데 그치는 것이 아니라 어쩌면 그것을 대표하려 하고, [심지어] 스스로 법의 이념이 되려고 하는 것 같다. 이는 가톨릭적으로, 종말론적으로 사유한 결과다. [바로] 이 사유가 그를 독재와 대표에 관한 질문들로 이끌었다. 실제로 최근에 출간한 저작들에서 그는 이 질문들을 다루고 있다."[3] 1927년, 그러니까 슈미트가 희대의 문제작인 『정치적인 것의 개념』을 세상에 내놓은 바로 그 해에 때 이른 죽음을 맞이한 발은, 그로서는 퍽 다행스럽게도, 자신의 예언이 불길한 방향으로 실현되는 장면을 보지 않을 수 있었다. 스스로 법의 이념이 되기를 원했던 슈미트는 1933년 바이마르 공화국을 무너뜨리며 등장한 나치 정권의 법적 설계자가 되는 길을 선택했고, 이를 통해 히틀러와 그의 수하

3   같은 책, p. 100.

116

들이 제1차 세계대전보다 훨씬 더 끔찍한 방화 사건을 일으키는 데 적잖은 조력을 제공했던 것이다. 그러나 이 미증유의 세계 방화 역시 결국에는 진압되었다. 하지만 그 여파 속에서 슈미트는 전범으로 기소되고 급기야 철창에 갇히는 신세로 전락한다.

　나치의 패망, 그에 따른 전범 재판, 그리고 수용소 생활까지 고스란히 경험한 슈미트는 수도 베를린에서의 화려했던 생활을 청산하고 유년 시절의 고향인 플레텐베르크로 내려가 거의 은둔에 가까운 삶을 이어간다. 그러나 정신의 차원에서 보자면 그의 생활은 은둔과는 거리가 멀었다. 다양한 분야의 여러 전문가와 끊임없이 서신을 교환하는 등 어쩌면 과거보다 더 열정적으로 지적 교류를 도모했기 때문이다. 그리고 이때부터 슈미트는 권력의 맛에 취해 한동안 외면했던 수력학 공부를 재개하기로 결심한다. 하지만 이것은 결코 쉬운 일이 아니었다. 왜냐하면 미 점령군이 그의 장서를 대부분 압류해 버린 탓에 수중에 읽을 수 있는 책이 거의 남아 있지 않았기 때문이다.[4] 이러한 악조건에도 불구하고 슈미트는 놀라운 집중력과 필력으로 자신의 건재를 과시한다. 1950년, 즉 발의 서평으로부터 사반세기가 조금 더 지난 시점에 슈미트

4　Martin Tielke, *Schmitt und Sombart: Der Briefwechsel von Carl Schmitt mit Nicolaus, Corina und Werner Sombart*, Berlin: Duncker & Humblot, 2015, p. 17.

는 세 권의 책을 한꺼번에 세상에 내놓는다. 『감옥으로부터
의 구원』과 『대지의 노모스』, 그리고 『전 유럽적 관점에서 본
도노소 코르테스』가 그것이다.[5] 미군으로부터 장서를 돌려받
은 시기가 그로부터 2년 후인 1952년이었다는 사실, 그리고
당시 슈미트가 이미 환갑을 넘긴 나이였다는 사실을 고려하
면, 실로 초인적인 생산성이라고 하지 않을 수 없다. 이 중 두
번째 저서인 『대지의 노모스』는 역사철학적, 국제법적-지정
학적 견지에서 땅과 바다의 문제를 다루고 있으므로 순전히
은유적인 의미에서의 수력학 연구로만 그치지 않는 책이라
고 할 수 있다. 반면, 세번째인 『도노소 코르테스』는 젊은 시
절 슈미트를 사로잡았던 '독재와 대표'의 문제를 정치신학의
틀 안에서 약간의 변주를 가미하여 재서술한 책이다. 그렇다
면 첫번째인 『감옥으로부터의 구원』은 어떤 책인가? 제목이
명시하듯이, 그리고 「1945~47년 시기의 경험」이라는 부제가
시사하듯이, 이 책은 슈미트가 주로 수감 생활 중에 집필한 짧
은 글들로 구성되어 있다. 형식의 측면에서 이 책은 일기와 잡
문 사이를 오가는 독특한 성격을 지니며, 내용의 측면에서는
짙은 실존(주의)적 분위기를 풍기는 책이라고 할 수 있다.

5   Carl Schmitt, *Ex Captivitate Salus: Erfahrungen der Zeit 1945/47*,
Berlin: Duncker & Humblot, 2002; *Der Nomos der Erde*, Köln:
Greven, 1950; *Donoso Cortés in gesamteuropäischer Interpretation*,
Köln: Greven, 1950.

2. 인간이란 무엇인가?

1950년에 출간된 이 세 권의 책은 노년의 슈미트가 속개한 수력학 연구의 근본 지향을 잘 보여준다. 치욕스러운 모습으로 강단에서 쫓겨난 슈미트는 다시 절치부심해 오래전부터 천착해 온 "정치적인 것das Politische"의 문제를 한편으로는 실존적-유사신학적pseudo-theological 관점에서, 그리고 다른 한편으로는 신화적-국제법적mythisch-völkerrechtlich 견지에서 더욱 깊이 파고들기 시작했다. 전자의 접근법을 상징하는 이름으로는 청년 헤겔파 철학자이자 극단적 에고이즘Egoismus의 창시자인 막스 슈티르너Max Stirner를, 반대로 후자의 방법론을 선도하는 이름으로는 이른바 '국제법의 아버지'라 불리는 프란시스코 데 비토리아를 꼽을 수 있을 것이다.[6] 이 두 사람의 선별은 기본적으로 이해의 편의를 도모하기 위한 것이지만, 그렇다고 해서 자의적인 것은 아니다. 가령,『감옥으로부터의 구원』에 실린「감방의 지혜」에서 우리는 이런 글줄을 읽을 수 있다. "나는 학창 시절부터 막스 슈티르너를 알고 있었다. 그를 알았던 덕분에 오늘날 맞닥뜨리게 된 [여러] 일들에 대해 나는 나름대로 대비를 할 수 있었다. 그를 모른 채 이 일

6   Francisco de Vitoria, *Political Writings*, Anthony Pagden and Jeremy Lawrance(eds.), Cambridge: Cambridge Unviersity Press, 2010, pp. xiii~xxxii 참조.

들을 겪었다면, 아마도 나는 소스라쳤을 것이다. 1830년에서 1848년 사이에 전개된 유럽 사상의 깊이를 인식하고 있는 사람은 오늘날 전 세계를 떠들썩하게 만들고 있는 일들에 대체로 대비가 되어 있을 터이다. […] 오늘날 폭발하고 있는 사건들은 [사실] 1848년 이전부터 준비되어 온 것이다."[7] 이 진술에 대해서는 아마도 다음과 같은 추측성 해석이 가능할 것이다. '20세기 전반기에 발생한 두 번의 세계 화재를 모두 경험한 수력학자에게 가장 중요했던 참고 자료는 그보다 한 세기 전, 그러니까 19세기 전반기에 나타난 유럽 사상이었으며, 슈티르너의 이름은 그것의 제유다.' 따라서, 약간의 과장을 허락한다면, 위 인용문은 슈미트의 법학적 사유가 숨기고 있는 깊은 실존적 비밀을 풀 수 있게 해주는 일종의 열쇠라고 할 수 있다. 이 주장은 옥중의 슈미트가 남긴 다음 두 문장으로 더 큰 신빙성을 획득한다. "이 순간, 막스는 나의 감방을 방문한 유일자Der Einzige다. 이 난폭한 에고이스트의 방문은 나를 깊이 감동시킨다."[8]

7   Schmitt, *Ex Captivitate Salus*, pp. 80~81.

8   같은 책, pp. 81~82. 슈미트가 여기서 "유일자"라는 단어를 쓴
     까닭은 슈티르너의 저서『유일자와 그의 소유』를 지칭하기
     위함이다. 영어판은 이 단어를 "the only person"으로 옮기고 있는데,
     해당 부분의 문맥과 슈미트의 의도를 고려할 때 부적합한 선택이다.
     Carl Schmitt, *Ex Captivitate Salus*, Matthew Hannah(trans.),
     Cambridge: Polity, 2017, p. 65 참조.

그런데 슈티르너의 이름은, 조금 뜻밖에도, 『대지의 노모스』에도 등장한다. 비록 단 한 차례에 불과한 등장이지만, 그 맥락은 사뭇 의미심장하다. 왜냐하면 그것은 『대지의 노모스』의 실질적 주인공에 해당하는 비토리아와 직접적으로 연계되는 대목이기 때문이다.

> 프란시스코 데 비토리아는 […] "인간은 인간에 대해 늑대homo homini lupus"라는 정식에 단호히 반대했고, 그에 맞서 "인간은 인간에 대해 인간homo homini homo"이라는 주장을 제시했다. […] 이 스페인 수도승은 "인간은 인간에 대해 늑대"라는 명제뿐 아니라, 이와 대립하는 "인간은 인간에 대해 신homo homini Deus"[…]이라는 명제도 부인했다. 후자의 명제는 […] 19세기 중반에 이르러 칼 마르크스의 동시대인 막스 슈티르너(『유일자와 그의 소유』, 1845)에 의해 [완전히] 처리되었다.[9]

"인간은 인간에 대해 신"이라는 입장을 철저히 거부한 슈티르너에게는 "인간은 인간에 대해 늑대"라는 토머스 홉스의 명제를 승인하거나, 아니면 "인간은 인간에 대해 인간"이라는 비토리아의 명제를 계승하는 두 개의 선택지가 남는다. 그

9   Schmitt, *Der Nomos der Erde*, p. 64.

러나 슈미트는 슈티르너의 입장이 무엇이었는지 명확히 밝히지 않는다. 사실 해당 저서의 문맥을 고려할 때 슈티르너의 입장을 더 자세히 서술하는 것은 불필요하고 심지어 부적절하다고 볼 수 있으므로, 그의 생략은 충분히 이해할 만하다. 그러나 우리는 거기서 만족할 수 없다. 그 생략의 함의를 파악해야 한다. 비토리아가 "인간은 인간에 대해 늑대"라는 명제를 강하게 부정한 반면 슈티르너는 "인간은 인간에 대해 신"이라는 명제를 깡그리 깨부수었다는 슈미트의 서술로 미루어 볼 때,『대지의 노모스』의 저자는 비토리아와 슈티르너 사이에 깊은 친연성이 존재한다고 믿었을 가능성이 높다. 그리고 그 친연성의 토대는 '인간Mensch'의 개념이었다. 다시 말해, 슈미트가 이해한 바의 비토리아와 슈티르너는, 비록 천착한 분야는 서로 전혀 달랐으나, 다른 무엇보다 '인간'이라는 수수께끼를 풀기 위해 진력한 인물들이었다. 이와 꼭 마찬가지로, 노년의 슈미트가 수행한 수력학 연구 역시 "인간이란 무엇인가?"라는 질문의 심해로 침잠하는 행위였다.

3. 칼 슈미트의 고해성사(?)

그렇다면 우리는 슈미트의 수력학 연구가 대략 1950년을 기점으로 정치신학에서 정치인간학Politische Anthropologie으로

체제 전환을 겪었다고 말할 수 있을 것이다.[10] 비록 슈미트가 정치인간학이라는 용어를 직접 사용한 적은 없지만, 그러한 방향으로의 전환이 일어났다는 사실은 누구도 부정할 수 없을 것이다. 이 전환의 맥락과 추이를 밝히는 것이 이 글의 목표다. 하지만 슈미트의 사유 지평 안에서 정치신학과 정치인간학의 분계선을 구체적으로 확정하기란 어려운 일이다. 그 선 자체가 지극히 유동적일뿐더러 슈미트의 사유가 너무도 이질적인 여러 분야와 차원을 종횡무진하는 성격을 띠기 때문이다. 또한 그것은 기독교, 더 정확하게는 로마 가톨릭주의에 대한 그의 관점을 명확히 규정하는 일과 본질적으로 중첩되는 작업이기도 하다. 이것은 분명 지난한 일이지만, 그래도 우리는 이 과업에 도전할 수 있다. 왜냐하면 이 문제와 관련해 더없이 흥미로운 일화가 기록된 한 가지 자료가 존재하기 때문이다. 그것은 사후에 출간된 슈미트의 비망록, 더 구체적으로는 「감방의 지혜」를 집필하고 약 반년 후인 1947년 10월 7일에 그가 남긴 일기다. 여기서 슈미트는 (후대 독자의 시선

10   그러나 이 전환은 급작스러운 것이 아니었다. 이미 1930년대부터
        슈미트는 인간학적 질문의 정치적 함의에 대한 나름의 관점을
        형성하기 시작했으며, 이때 그에게 가장 큰 영감을 준 인물은
        철학자 헬무트 플레스너Helmuth Plessner였다. 1932년에 간행된
        『정치적인 것의 개념』 제2판에서 슈미트는 플레스너를 "위대한
        스타일의 정치인간학을 감행"한 "최초의 근대 철학자"라고 칭한
        바 있다(Carl Schmitt, *Der Begriff des Politischen*, Berlin: Duncker &
        Humblot, 1963, p. 60).

으로 볼 때) 너무나 충격적인 일탈을 감행한다. 즉, 자신의 죄를 고백한 것이다! 이것은 왜 충격적인가? 그것은 전범으로 기소되어 재판을 받는 중에도, 또 옥살이 후 세간의 따가운 눈총을 받으며 힘들게 살아가면서도 슈미트는 단 한 번도 참회한 적이 없기 때문이다. 즉, 슈미트는 비단 나치 정권에 투신했을 뿐 아니라, 그 과거를 뉘우치지도 않았다는 점에서도 끝없는 논쟁을 유발하는 인물이기 때문이다. 그런데 그런 그가 느닷없이―하지만 물론 은밀히―죄를 고백한 것이다.

나에게는 한 가지 고백해야 할 죄가 있다. 1946년 8월 말, 수용소 생활에 절망한 나머지 새벽 햇살이 내 감방 침상으로 내리쬘 때 나는 태양을 향해 이렇게 말했다. "너는 사기꾼이야." 그건 끔찍한 일이었다. 마치 키에르케고르의 아버지가 신을 향해 퍼부었던 저주처럼 말이다. 그 이후 내 생활은 표면적으로는 더 나아졌고, 최악의 가혹 행위도 더 이상 자행되지 않았다. 그러면 이 모든 게 그저 사기Betrug인 걸까? 부정성의 미로에 절망적으로 얽혀들었다. 야비하게 돌을 던졌다가 도리어 치명타를 맞은 셈이다. 누군가가 일단 아이러니를 감행하고 나면, 무엇이 남게 되는가? 나는 유령처럼 서서, 목이 없는 상태로 소리를 지른다.[11]

이 글을 읽은 이들은 십중팔구 당혹감을 느낄 것이다. 그리고 이런 질문들을 떠올릴 것이다. '정녕 이것을 고해라고 볼 수 있을까? 만약 그렇다면, 이것을 기독교적, 아니 로마 가톨릭적 행위라고 볼 수 있을까?' 이 두 물음에 대한 올바른 답은 아마도 확고한 부정일 것이다. 무엇보다 이 고백에는 (거의) 모든 독자가 기대했을 내용, 즉 나치 과거에 대한 참회가 포함되어 있지 않다. 그렇다면 도대체 슈미트를 괴로움에 빠뜨린 죄는 무엇일까? 절망한 나머지 태양을 향해 사기꾼이라고 외친 것, 그것이 전부일까? 표면적으로 생활이 나아졌다는 사실, 더 이상 가혹 행위를 당하지 않았다는 사실 때문에 그는 정말로 죄책감을 느꼈던 것일까? 그는 누구에게 돌을 던졌으며, 또 그가 거꾸로 맞은 치명타란 무엇일까? 그리고 어떤 이유에서 그는 자신을 유령처럼 여겼고, 목을 (혹은 목소리를) 상실했다고 말한 것일까? 알 수 없다. 이 일기를 읽은 (거의) 모든 독자가 떠올릴 수 있는 (거의) 모든 의문은 아마도 영원히 미궁으로 남을 것이다.

하지만 섣불리 절망할 필요는 없다. 이 글에는 슈미트의 죄의식을 파헤칠 수 있게 해주는 실마리가 적어도 두 개는 들어 있기 때문이다. 그것은 키에르케고르라는 고유명 Eigenname과 아이러니Ironie의 개념이다. 다음은 죄를 고백하

---

11 Carl Schmitt, *Glossarium: Aufzeichnungen aus den Jahren 1947 bis 1958*, Berlin: Duncker & Humblot, 2015, p. 21.

기 직전 슈미트가 기록한 일기의 내용이다.

> 현실적인 아이러니 앞에서 깊이 경악한다. 아이러니의 개념에 관한 두꺼운 책이 내 방에 있다는 아이러니. 아이러니란 너무도 파괴적인 효과를 낳는 것이어서, 단지 그것을 말하기만 해도 [벌써] 분위기가 정해진다. 아마도 모든 개념, 모든 단어가 그럴 것이다. 이것이 개념-현실주의 Begriff-Realismus다. [⋯] 운명의, 세계사의 아이러니의 희생 제물이 된다는 것, 이것은 견딜 수 없는 일이다. [⋯] 신에게 사기를 치기란 쉬운 일이다. 그러나 신은 사기를 칠 수 없다. 또한 신은 아이러니를 구사할 수도 없다. [⋯] 왜냐하면 강한 자가 약한 자를 상대로 꾸미는 아이러니는 가장 혐오스러운 잔혹성이고, 악행이며, 지옥 그 자체이고, 광기이기 때문이다. [⋯] 데카르트에게 가장 심원한 동기이자 궁극의 동인이 되었던 것은 사악한 정신Spiritus malignus, 즉 아이러니로 사기를 칠 수 있는 무시무시한 가능성에 대한 불안이었다.[12]

여기서 슈미트를 경악하게 만든 책은, 확신하건대, 키에르케고르가 1841년 코펜하겐 대학에 제출한 박사 학위 논문『아

---

12   같은 책, p. 21.

이러니의 개념』일 것이다. 같은 맥락에서, "부정성의 미로"라는 슈미트의 표현 역시 이 책의 내용을 가리키는 것일 공산이 매우 크다. 『아이러니의 개념』의 저자에 따르면, 아이러니란 본질상 "무한한 절대적 부정성the infinite absolute negativity"이다. 키에르케고르는 이렇게 부연한다. "그것이 부정성인 까닭은, 오직 부정만 하기 때문이다. 그것이 무한한 까닭은, 이런 저런 [특정한] 현상을 부정하는 것이 아니기 때문이다. 그것이 절대적인 까닭은, 그것으로 하여금 부정을 할 수 있게 해주는 무언가란 아직 존재하지 않는 어떤 더 높은 것이기 때문이다. 아이러니는 아무것도 확립하지 않는다. 왜냐하면 확립해야 할 것을 제 등 뒤에 숨기고 있기 때문이다."[13]

필경 슈미트는 『아이러니의 개념』을 단지 소장하기만 한 것이 아니다. 시기를 특정할 수는 없지만, 틀림없이 그는 키에르케고르의 저 문장들을 탐독했을 것이다. 이 추측을 강하게 뒷받침하는 문헌 증거가 존재한다. 1947년 1월 말 니콜라우스 좀바르트Nicolaus Sombart에게 보낸 편지에서 슈미트는 이렇게 말한다. "아이러니 개념에 대한 키에르케고르의 학위 논문[…]은 완전히 독일에 속하는 것이란다. 그 책은 단순히 '낭만적'이기만 한 것이 아니라, 상처받은 양심conscientia

---

13   Søren Kierkegaard, *The Concept of Irony: With Continual References to Socrates*, Princeton: Princeton University Press, 1989, p. 261.

vulnerata의 표현이야."[14] 앞서 인용한 일기 못지않게 이 진술도 아주 알쏭달쏭하게 읽힐 것이다. 그러나 이로부터 우리는 적어도 한 가지 사실은 확실하게 추론해 낼 수 있다. 그것은 슈미트에게 아이러니의 문제란 단순히 개인 차원에 국한되는 것이 아니었다는 점이다. 다시 말해, 그가 『아이러니의 개념』을 탐독한 것은 한 사람의 독일인으로서, 그리고 독일이라는 문제를 성찰하기 위해서였다. 그리고 이것은 모든 문제 영역에서 구체성Konkretheit의 고려를 최우선시했던 슈미트의 근본 지향에 오롯이 부합하는 태도였다.

덴마크 철학자가 제시한 『아이러니의 개념』이 "완전히 독일에 속하는 것"이라고 주장함으로써 슈미트는 독일이라는 거대한 문제 사태의 밑바탕에는 다른 무엇보다 아이러니의 개념이 자리 잡고 있다는 말을 하려는 것이었다. 앞서 암시했거니와, 슈미트는 독일(법의 이념)을 대표하기 위해 사력을 다했으나 결국 좌절한 문제적 개인이었다. 실제로 기회가 있을 때마다 그는 자신이 패배자라는 사실을 애써 강조하곤 했다.[15] 슈미트는 아이러니를 감행함으로써, 즉 '부정성의 미

---

14   Tielke, *Schmitt und Sombart*, p. 18.

15   일례로, 야콥 타우베스에게 보낸 한 편지에서 슈미트는 레오 스트라우스Leo Strauss와의 대결에서 자신이 처음부터 '패배자der Besiegte' 였다고 고백한 바 있다. Herbert Kopp-Oberstebrink, Thorsten Palzhoff, and Martin Treml, *Jacob Taubes-Carl Schmitt Briefwechsel mit Materialien*, München: Wilhelm Fink, 2012, p. 37 참조.

로’에 뛰어듦으로써 끝내 목소리마저 상실해 버린 ‘유령’이었
다. 그리고 이렇듯 공동화空洞化된 존재로 몰락한 수력학자의
운명은 단지 그 자신만의 것이 아니라, 독일 민족 전체의 운명
과 고스란히 포개지는 것이었다. 적어도 슈미트 자신은 그렇
게 믿었다. 그러므로 이제 우리는 『아이러니의 개념』이라는
책이 제 방 안에 놓여 있다는 사실에서 슈미트가 공포스러울
정도로 “현실적인 아이러니”를 감지한 까닭을 이해할 수 있
다. 비록 언제부터였는지 알 수는 없지만, 어쨌든 그는 자신
이 그 책을 소장하고 있었기 때문에, 또는 그것을 열심히 읽었
기 때문에, 독일이라는 거대한 아이러니에 불가피하게 연루
됐다고 믿었던 것 같다. 만약 이 추측이 그르다면, 슈미트의
다음 두 문장을 이해하는 것은 요원한 일이 된다. “아이러니
란 너무도 파괴적인 효과를 낳는 것이어서, 단지 그것을 말하
기만 해도 [벌써] 분위기가 정해진다. 아마도 모든 개념, 모든
단어가 그럴 것이다.”

요컨대, 슈미트가 말하는 ‘개념-현실주의’는 일종의 미
신, 언어 마법Sprachmagie을 신봉하는 미신인 셈이다. 슈미트
의 이 미신에서 우리는 정치신학과 정치인간학이 분기하는
한 양상을 확인할 수 있다. 더 나아가 우리는 그의 정치인간학
이 “아이러니로 사기를 칠 수 있는 무시무시한 가능성에 대한
불안”에 의해 추동된 기획이라는 가설을 제시할 수 있다. 바
꿔 말하자면, “인간은 인간에 대해 인간”이라는 비토리아의

정식은 슈미트의 미신이 표상하는 아이러니의 정수精髓를 포착한 표현이며, 위에서 보았듯 여기에 로마 가톨릭교회의 신을 위한 자리는 없다. 이제 우리는 슈미트가 19세기 독일 에고이스트 철학자와 덴마크 프로테스탄트 신학자의 저작에 깊이 매료된 까닭을 어느 정도 납득할 수 있다.

4. 자기 아이러니와 세계사의 아이러니

슈미트의 언어 미신, 특히 '아이러니'에 대한 유별난 관심은 오랜 역사를 지니고 있다. 키에르케고르의 학위 논문을 접하기 전이었는지 아니면 그 후였는지 확정하기는 어렵지만, 어쨌든 청년 시절부터 슈미트는 '아이러니'의 문제성을 매우 날카롭게 인지하고 있었다. 1919년에 출간된 그의 저서 『정치적 낭만주의』에서 우리는 그 선명한 흔적을 발견할 수 있다. 흥미롭게도 이 책에서 청년 슈미트는 마치 그것이 자신과는 아무 상관 없는 문제라는 듯 사뭇 신랄한 어조로 아이러니를 향해 비난을 퍼붓는다. 물론 그에게는 그럴 만한 이유가 있었다. 여기서 그가 비판한 아이러니는 키에르케고르가 아닌 독일 낭만주의자, 더 구체적으로는 아담 뮐러Adam Müller와 프리드리히 슐레겔의 아이러니였기 때문이다.

낭만주의자는 현실을 회피하지만, 아이러니에 기대어 마치 음모를 꾸미듯 그렇게 한다. 아이러니와 음모는 도망치는 인간이 가질 수 있는 기분 같은 것이 아니다. 그것은 새로운 현실을 창조하는 대신 하나의 현실에 다른 현실을 맞세워 그때그때 현전하는 편협한 현실을 마비시키는 활동이다. 낭만주의자는 아이러니를 통해 [자신을] 압박하는 객관성을 기피하고, 무언가에 얽매일 위험 앞에서 자신을 지킨다. 아이러니 안에는 모든 무한한 가능성에 대한 유보Vorbehalt가 들어 있다. 그래서 그는 자신의 천재적인 내면의 자유를 보지保持하는 것이다. 이 자유는 어떤 가능성도 포기하지 않는 데서 성립하는 자유다. 그런데 그는 자신의 허세를 꿰뚫어 무너뜨릴 법한 항변에 대해서도 아이러니를 통해 방어한다. 그 항변은 다음과 같다. 즉, 다른 사람들의 제한된 업적에 맞서 낭만주의자가 제시한 모든 약속과 거창한 계획 들은 다름 아닌 그 자신이 실제 결과물로 내놓은 것들에 의해 사기였음이 폭로될 수 있다는 것. 낭만주의자에게 현실 속에서 구체적으로 이뤄진 업적들은 모두 쓰레기에 지나지 않는다. 그는 자신과 자신의 [어떤] 표현이 실제 현실의 제약을 받는 것에 대해 항의한다. 제약을 받는 그는 그가 아니며, 그의 자아도 아니다. 그는 언제나 무한하고 무수한 타자이며, 동시에 어떤 구체적인 순간 혹은 특정한 표현 속에서 언젠가 자신이 드러

낸 모습을 무한히 초과하는 존재다.[16]

그렇다면 독일 낭만주의의 아이러니와 '무한한 절대적 부정성'으로서의 키에르케고르적 아이러니는 구체적으로 어떻게 다른 것일까? 『정치적 낭만주의』의 저자는 아마도 이렇게 대답할 것이다. '양자는 언뜻 유사해 보이지만, 전자에게는 없는 객관성Objektivität이 후자에게는 있다. 이 차이는 결정적이다.' 슈미트는 이렇게 단언한다. "낭만적 아이러니는 본질상 객관성 앞에서 자기를 유보하는 주체가 사용하는 지적 수단이다."[17] '모든 무한한 가능성에 대한 유보'를 고집하는 독일 낭만주의자와 달리, 키에르케고르의 아이러니스트는 자기 자신에 대한 부정을 배척하지 않는다. 아니, 오히려 그 가능성에 집중한다. 낭만주의자가 '무언가에 얽매일 위험 앞에서 자신을 지키는' 데 열중한다면, 키에르케고르의 "아이러니스트는 […] 제 시대의 행렬에서 떨어져 나와 그 행렬에 맞선다."[18] 즉, 온몸으로 위험을 껴안는 것이다. 독일 낭만주의의 무책임한 허세 아이러니를 비판하기 위해 청년 슈미트가 "자기 아이러니Selbstironie"라는 단어를 제시했을 때, 그는 정확히 이런

---

16   Carl Schmitt, *Politische Romantik*, Berlin: Duncker & Humblot, 1998, p. 82.

17   같은 책, p. 82.

18   Kierkegaard, *The Concept of Irony*, p. 261.

키에르케고르의 입장을 계승한 것이었다. "자기 아이러니에 내재된 객관화는 주관주의적 환상의 마지막 잔재를 포기하는 것으로서 낭만주의적 상황을 위태롭게 한다. 그래서 낭만주의자는, 그가 낭만주의자로 머무르고자 하는 한, 본능적으로 그것을 피하게 된다. 낭만주의자가 구사하는 아이러니의 공격 목표는 주관이 아니라, 주관에게 아무 관심을 두지 않는 객관적 현실이다. 그러나 아이러니는 실재를 파괴해서는 안 되며, 대신 실제적인 존재의 성질을 유지하면서 주체가 실재를 수단으로 이용할 수 있게 하고 또 모든 규정성을 기피할 수 있게 해주어야 한다."[19]

그런데 청년 슈미트가 보기에 '주관주의적 환상'을 골자로 하는 '낭만주의적 상황'은 19세기 초 독일의 일부 지식인들에게만 국한된 문제가 아니었다. 실상 그것은 시대와 지역을 막론하고 모든 독일인을 포괄하는 상황, 다시 말해 항상성恒常性을 띠는 일반적 조건이었다. 1924년, 즉 발이『정치신학』에 대한 서평을 출간한 바로 그해에 슈미트는『정치적 낭만주의』의 제2판 서문을 집필하는데, 이 글의 서두는 다음과 같다.

19　Schmitt, *Politische Romantik*, p. 83. 19세기 독일 정신사의 맥락에서 아이러니의 개념을 세분하여 고찰한 작업으로는 Fred Rush, *Irony and Idealism: Rereading Schlegel, Hegel, and Kierkegaard*, Oxford: Oxford University Press, 2016 참조.

독일인들은 쉽고 편한 한마디 말로 어렵지 않게 소통하는 경쾌함이 부족하다. 우리 언어[독일어]에서는 어떤 표현이든 쉽게 진부해지지만, 그렇다고 해서 그것이 실제적이고 합리적인 의미에서 쉬이 관습적 표현으로 굳어지는 것은 아니다. 일상 언어가 아닌 객관적 명칭으로 통용되고, 따라서 더 근본적인 규정을 필요로 하는 말이 [오히려] 더 다의성을 띠게 되어 [논의는 곧잘] 말싸움으로 번진다. 이러한 혼란 속에서 어떤 객관적 해결책을 찾으려는 사람은 얼마 못 가 자신이 영원한 대화와 출구 없는 수다 속에 휩쓸려 있음을 깨닫게 된다.[20]

주의 깊은 독자라면 이 단락에 '개념-현실주의'의 맹아가 들어 있다는 사실을 간파했을 것이다. 이렇듯 언어와 현실의 관계를 예민한 촉수로 관찰하던 청년 슈미트는 '아이러니와 음모' 그리고 무의미한 '말싸움'이 득세하던 당대의 '낭만주의적 상황'을 하루빨리 해결해야 할 화급한 문제로 파악했다. 『정치신학』을 읽은 독자라면, 슈미트가 부르주아 계급의 '영원한 대화'에 대해 얼마나 신랄한 비판을 가했는지를 잘 알 것이다.[21] 그뿐만이 아니다. '출구 없는 수다'에 대한 슈미트의 비

20   Schmitt, *Politische Romantik*, p. 5.

21   Carl Schmitt, *Politische Theologie*, Berlin: Duncker & Humblot, 1979,

판은 현대의 지배적 정치 형식인 '의회주의'를 향한 공격으로 곧장 연결된다. 1926년 작성한 『오늘날 의회주의의 정신사적 상황』의 제2판 서문에서 그는 이렇게 주장한다. "오늘날 의회주의의 상황은 매우 위급하다. 왜냐하면 현대 대중민주주의의 발전이 논증에 기반한 공적 토론을 공허한 형식으로 만들어버렸기 때문이다. […] 대중은 선동-장치**Propaganda-Apparat**에 의해 좌우되는데, 이 장치는 눈앞의 이익과 욕정에 호소함으로써 [그들에게] 최대치의 영향력을 행사한다. [모든] 참된 토론의 특징을 이루는 논증, 즉 본원적 의미의 논증은 사라졌다."[22] 향후 슈미트의 행적을 논외로 한다면, 의회주의에 대한 이 진단과 비판은 오늘날에 와서도 전혀 설득력을 잃지 않았다고 말할 수 있을 것이다.[23]

따라서 적어도 이 시기, 즉 1930년 무렵까지는 일찍이 발이 슈미트에게서 발견했던 수력학자로서의 모습이 가장 크게 도드라졌다고 볼 수 있다. 그러나 이후 바이마르 공화국의 위기가 걷잡을 수 없을 지경으로 치닫고 그에 따라 해당 체제

---

pp. 69~84 참조.

22   Carl Schmitt, *Die geistesgeschichtliche Lage des heutigen Parlamentarismus*, Berlin: Duncker & Humblot, 1979, pp. 10~11.

23   슈미트의 사유에서 낭만주의와 의회주의가 연결되는 맥락에 대해서는 Jakob Norberg, "The Infinite Conversation: Carl Schmitt on Parliamentarism and Romanticism," *Telos*(208), Fall 2024, pp. 27~41을 참조하라.

안에서는 더 이상 어떤 출구도 찾을 수 없다는 판단이 서자, 슈미트는 미련 없이 수력학을 버린다. 이제 그는 결단과 적대의 두 원리를 근간으로 하는 권력의 열역학熱力學을 현실에 직접 적용한다. 1930년대에 나치 법학자로서 그가 출간한 거의 모든 글과 책은 이런 맥락에서 이해되어야 한다. 하지만 그가 정한 목표와 그에 따른 활동은 나치 정권의 실권자들에게 좀체 환영받지 못했다. 그리하여 슈미트는 제2차 세계대전이 벌어지기도 전에 이미 '약한 자'가 되어 있었다. 사후적인 관점에서 보자면, 나치의 어용 법학자가 되기로 한 그의 선택은 '자기 아이러니'에 지나치게 몰입한 결과였다. 다시 말해, '자기 아이러니' 역시 결국 아이러니인 것이다. 경우에 따라서는 객관성을 향한 지나친 집념이 주관성으로의 과도한 함몰보다 오히려 더 치명적일 수 있는 법이다. 결론적으로, 슈미트 본인의 내밀한 성찰을 원용하자면, 그의 '자기 아이러니'는 결국 '세계사의 아이러니의 희생 제물'로 바쳐질 수밖에 없었다.

5. 권력의 아이러니와 '마지막 말'

젊은 슈미트가 수력학을 떠나 열역학에 투신한 것은 대화와 토론의 불모성에 절망했기 때문이었다. 그리고 그는 이 불모성의 출처를 낭만주의에서 찾았다. 30대 중반의 슈미트는 이렇게 적었다. "우리는 낭만주의 운동의 배면에 존재하는 절망 또한 알아야 한다. 즉 낭만주의는 교교한 달빛 아래 시적으로 신과 세계에 도취되는 것일 수 있는가 하면, 다른 한편으로는 세기의 병증과 세계고Weltschmerz에 탄식하며 염세주의로 갈가리 찢기거나, 반대로 생과 본능의 심연으로 미친 듯 폭주할 수도 있다. 바이런, 니체, 보들레르, 이 세 사람을 우리는 주목해야 한다. 이들의 일그러진 얼굴은 형형색색인 낭만주의의 베일을 뚫고 [우리를] 응시하고 있다. 이들 세 사람은 [낭만주의의] 대제사장인 동시에 개인적 성직주의를 위해 바쳐진 세 가지 희생 제물이다."[24] 여기서 우리는 슈미트의 요청을 따라야 한다. 즉, 바이런, 니체, 보들레르를 눈여겨보아야 하는 것이다. 왜냐하면 수감 생활을 끝내고 또 빼앗겼던 장서를 미군에게서 돌려받은 후, 그러니까 노년의 슈미트가 수력학 연구를 본격적으로 재개한 이후, 저 세 명 가운데 전자의 두 '대제사장'이 아주 중요한 한 텍스트에서 재등장하기 때문이다. (물론 『정치적 낭만주의』에서처럼 나란히 등장하지는 않는다.) 먼저 바이런이 등장하는 장면부터 살펴보자.

1954년 6월 22일, 서독 헤센주의 라디오 방송국은 〈권력의 원리〉라는 제목의 대화극을 송출한다. 슈미트가 집필한 이 대화극은 곧이어 소책자로 출간되는데, 이때 저자는

---

24   Schmitt, *Politische Romantik*, p. 21.

제목을 『권력과 권력자에 이르는 통로에 관한 대화』로 교체한다.[25] 그리고 이 책의 제사로 슈미트가 인용하는 것이 바로 바이런의 문장이다. "당신들은 행복한가?/우리는 강력하다!"(p. 9) 슈미트는 이 문답을 바이런의 희곡 『카인』에서 가져왔으며, 해당 인용문은 카인과 루시퍼의 대화 중 일부분이다. (이 인용은 해석학적 성찰을 요구하는 사안이며, 우리는 아래에서 그 작업을 실행할 것이다.) 제사와 마찬가지로 슈미트의 책 역시, 제목이 명시하듯이, 처음부터 끝까지 대화로 구성되어 있다. 혹자는 여기서 이런 질문들을 떠올릴 것이다. 청년 시절 슈미트는 '영원한 대화'와 '출구 없는 수다'에 대해 깊이 절망하지 않았는가? 그에게 대화란 기본적으로 낭만주의적 아이러니가 고안한 불모의 소통 형식이 아니었던가? 게다가 슈미트는 대화의 정치적 표현 형식인 의회주의에 대해서도 이미 수십 년 전에 일종의 사형 선고를 내리지 않았던가? 그런데 그런 그가 이제 와서 온통 대화로만 이뤄진 텍스트를 집필한 것은 무슨 연유에서인가? 이것은 낭만주의의 허

25 이 소책자는 슈미트가 1947년에 집필한 「권력자에 이르는 통로,
하나의 중대한 헌법적 문제」라는 논고를 확장, 변형한 작품이다.
이 논고에서 슈미트는 히틀러가 감히 로마 교황조차 넘지 못한
선을 무람없이 넘었다고 강하게 비판하고 있다. Carl Schmitt,
*Verfassungsrechtliche Aufsätze aus den Jahren 1924-1954: Materialien
zu einer Verfassungslehre*, Berlin: Duncker & Humblot, 1973, pp.
436~37 참조.

세보다 더 심한 아이러니가 아닌가? 이 질문들에 대해서는 우선 해당 저서가 극본, 즉 희곡의 형식을 취했으므로 대화로 구성되는 것은 당연하다(혹은 불가피하다)는 대답이 가능할 것이다. 그러나 이 대답은 우리의 의문을 근본적으로 해결해 주지 못한다. 왜냐하면 그 경우 '애초에 슈미트는 왜 대화극을 쓰기로 결심했는가?'라는 질문이 곧장 제기될 수 있기 때문이다. 그리고 이 질문에 대해서는, 슈미트 본인을 제외한다면, 누구도 대답할 수 없을 것이다. 하지만 우리는 슈미트에게 직접 질문할 수 없다. 그리고 설령 슈미트 본인의 대답을 듣는다 하더라도, 그 대답과 상관없이 이미 대화의 형식에 대해 지나치게 가혹한 판결을 내린 전력이 있는 만큼 대화극을 쓰기로 한 선택은 그 자체로 너무도 볼썽사나운 아이러니라는 비난을 피할 방도가 그에게는 없을 것이다.

그런데 '슈미트의 대화'라는 이 기이한 아이러니는 생각보다 복잡한 구조로 이뤄져 있다. 이 복잡성은 근본적으로 해당 대화의 주제 자체가 '권력Macht'이라는 사실에서 기인한다. 익명의 한 청년 J.와 C. S.라는 이니셜로 지칭되는 인물, 이렇게 두 사람이 나누는 대화는 시작 부분부터 전혀 예사롭지 않다.

J.　선생님은 스스로 권력을 갖고 있다고 생각하십니까, 아니면 권력이 없다고 생각하십니까?

C.S. 아주 적절한 질문이네요. 권력에 대해 말하려는 사
람이라면 응당 그 자신이 어떤 권력 구도 안에 있는
지를 먼저 밝히는 게 맞습니다.

J. 그렇습니다! 선생님께서는 권력을 가지셨습니까,
아니면 권력이 없습니까?

C.S. 저에게는 권력이 없습니다. 저는 권력 없는 자들에
속합니다. (pp. 9~10)

등장인물 소개란에서 저자는 C. S.에게 '응답자'라는 수식어
를 붙여놓았다. 여기서 C. S.란 틀림없이 슈미트 본인을 지칭
하는 것일 터이고, 그렇다면 이를 통해 슈미트는 자신이 대화
극 안으로 직접 들어가서 권력의 문제에 대해 해명하겠다는
의지를 밝힌 셈이다. 그리고 당신은 권력을 가졌느냐는 청년
의 첫번째 질문에 대해 슈미트는 그렇지 않다는 명확한 대답
을 내놓은 것이다. 이 지점에서 우리는 슈미트에 대한 후고 발
의 인상 비평을 상기할 필요가 있다. "그는 비단 법의 이념을
인식하는 데 그치는 것이 아니라 어쩌면 그것을 대표하려 하
고, [심지어] 스스로 법의 이념이 되려고 하는 것 같다." 바로
이 야망에 힘입어 청년 슈미트는 낭만주의와 의회주의를 단

호히 탄핵할 수 있었을 것이다. 그러나 이제 그의 꿈은 산산조각 났다. 늙은 슈미트는 세상을 깊은 환멸의 시선으로 바라보게 되었다. 그럴 수밖에 없었다. 젊은 시절 그가 '객관적 해결책'이라고 확신했던 '독재와 대표'라는 정치 형식이 권력의 실제 작동 원리에 의해 파탄에 이르렀을 뿐 아니라, 이것이 정녕 필연적인 귀결이었다는 점을 그야말로 뼈에 사무치도록 깨달았기 때문이다. 이 뼈아픈 교훈에 대해 말하기 위해 슈미트는 C. S.에게 '대답하는 역할'을 부여한 것이며, 이 대답이 대화극의 핵심 내용을 구성한다.

실제로 권력이 어떻게 분쇄되는지 설명하기 위해 슈미트는 '대기실Vorraum'과 '복도Korridor'라는 독특한 은유를 동원한다.

C.S. 바꿔 말하자면, 직접적 권력의 내실 앞에는 간접적 영향력과 강제력의 대기실이 만들어지게 마련입니다. 권력자의 귀에 닿을 수 있는 통로, 권력자의 영혼으로 이어지는 복도가 생기는 겁니다. 이런 대기실, 이런 복도가 없는 인간 권력이란 존재하지 않습니다. (p. 26)

C.S. 권력이 하나의 특정 장소, 특정 인간 혹은 특정 집단에 첨예하게 집중되면 될수록, 그만큼 [권력의 내실

로 이어지는] 복도의 문제, 통로의 문제는 더욱더 첨예하게 대두됩니다. 또 그런 만큼 대기실을 차지한 채 복도를 통제하려는 자들 사이의 투쟁 역시 더 격렬해지고, 더 지리멸렬해지며, 더 뒤숭숭한 형태로 전개됩니다. 간접적 영향력의 안개로 둘러싸인 이 투쟁은 모든 인간 권력의 본질적인 현상이며, 그런 만큼 불가피한 것입니다. [바로] 이 투쟁 속에서 인간 권력의 내적 변증법이 실현됩니다. (pp. 28~29)

'인간 권력의 내적 변증법,' 이것이 문제의 핵심이다. 이제 우리는 슈미트가 바이런의 희곡 대사를 제사로 활용한 까닭을 파헤쳐 볼 수 있다. "당신들은 행복한가?" 이것은 카인의 물음이다.[26] 이에 대해 루시퍼는, 기묘하게도, 긍정도 부정도 아닌 회피를 선택하면서 그와 동시에 강한 어조로 대답한다. "우리는 강력하다!" 루시퍼의 이 단언을 어떻게 이해해야 할까? 이 질문에 답하기에 앞서 한 가지 주목해야 할 사실이 있

26   슈미트가 바이런의 『카인』을 제사로 활용했다는 사실은 다른 의미에서도 주목할 만한데, 왜냐하면 『정치신학』의 중요한 한 대목에서 그는 보들레르의 시 「아벨과 카인」을 인용하기 때문이다. 따라서 표면적으로는 여기서 바이런만 등장하는 듯 보이지만, 실은 보들레르 역시 어떤 은밀하고 비가시적인 형태로 출현한다고 볼 수도 있다(Schmitt, *Politische Theologie*, p. 81 참조). 참고로, 인류 최초의 형제인 카인과 아벨은 슈미트의 사유에서 가장 핵심적인 역할을 하는 인물군에 속한다.

다. 그것은 슈미트가 의도적으로 질문과 대답의 주체를 삭제한 채 이 대화를 인용했다는 점이다. 즉, 바이런의 희곡에 명시되어 있는 카인과 루시퍼의 이름이 슈미트의 제사에는 등장하지 않는다. 이 삭제 행위에 대해서는 다음과 같은 가설을 세워볼 수 있을 것이다. '슈미트는 해당 대화를 인간들 사이의 대화로 교묘히 바꿔치기하려 했다. 만약 저 문답에서 대답하는 주체가 루시퍼와 같은 초인간적 존재였다면, 해당 인용은 슈미트가 본문에서 제시하는 인간 권력의 내적 변증법과는 전혀 상관없는 진술이 되고 말 것이다. 따라서 슈미트는 대화의 두 당사자를 반드시 인간으로 설정해야 했다. 설령 그들이 익명으로 남는다 해도, 그것은 전혀 문제 되지 않는다.'

낭만주의의 두번째 '대제사장'인 니체 역시 동일한 문제, 즉 '인간 권력의 내적 변증법'과 직결되는 맥락에서 등장한다.

> C.S. 신에 관해서라면, 현대인, 즉 전형적인 대도시 주민들은 자연과 마찬가지로 신도 우리 인간에게서 이미 자취를 감추었거나 [적어도] 사라지는 중이라고 느낍니다. 오늘날 만약 누군가 신의 이름을 입에 올리기라도 하면, 시대에 발맞춘 보통 교육을 받은 사람이라면 [거의] 자동으로 니체의 말을 인용할 겁니다. "신은 죽었다." 다른, 조금 더 지식을 갖춘 사람이라면, 프랑스 사회주의자 [피에르-조제프] 프루동의

말을 인용할 수도 있겠지요. 프루동은 니체보다 40년 먼저 이렇게 주장했습니다. "신을 들먹이는 자는 사기 치는 자다." (pp. 14~15)

슈미트가 여기서 니체와 프루동을 나란히 언급한 까닭은 명백하다. 즉, 문제는 더 이상 신이 아니라, 오직 인간과 인간 사이의 권력 구도라는 사실을 그는 강조하려 했다. 또한 우리는 프루동의 말을 통해 옥중의 슈미트가 태양을 향해 외쳤던 말을 떠올리게 된다. "너는 사기꾼이야." 그가 니체와 프루동의 말을 긍정한 것이 사실이라면, 슈미트의 이 외침은 가히 '무한한 절대적 부정성'의 차원으로 비약하게 된다. 왜냐하면 그는 태양을 신의 위치에 놓고 그를 향해 '사기꾼'이라고 외쳤기 때문이다. 즉, 죽은 신을 들먹이는 동시에 그 신에게 사기 혐의를 덮어씌운 것이다. 하지만 앞서 보았듯이 태양신을 향해 저렇게 외쳤다는 사실을 스스로 고백하기 직전에 슈미트는 이렇게 적었다. "그러나 신은 사기를 칠 수 없다. 또한 신은 아이러니를 구사할 수도 없다." 요컨대, 사기든 아이러니든 권력이든 오직, 온전히 인간의 일인 것이다.

그리하여, 결국, 문제는 인간이다. 반복하건대, 노년의 슈미트는 정치인간학에 깊이 몰두했다. 익명의 청년과 슈미트가 나눈 대화는 이렇게 마무리된다.

J.　　그게 선생님의 마지막 말씀일까요?

C.S.　아닙니다. 당신에게 이 점을 꼭 밝혀두고 싶군요. 호
모 호미니 호모, '인간은 인간에 대해 인간이다'라는
이 아름다운 정식은 해결책이 아니라, 우리에게 문
제의 출발점이라는 사실을요. 비판의 의도로 이 말
씀을 드렸지만, 또한 저는 그 명제를 철저히 긍정합
니다. 이 웅장한 시구를 떠올리면서 말이죠.

그럼에도 불구하고 인간으로 존재한다는 것, 그
것은 하나의 결단이다.

이것이 저의 마지막 말이 될 것입니다. (pp. 53~54)

출처인 비토리아의 이름을 한 번도 언급하지 않은 채 '인간은
인간에 대해 인간'이라는 명제를 거듭 역설하던 슈미트는 마
지막에 와서 느닷없이 새로운 주장을 제출한다. '인간으로 존
재한다는 것은 하나의 결단이다.' 바로 이 선언을 하고 싶어서
슈미트는 문제의 대화극을 집필한 것이라고 말해도 틀리지
않을 것이다. 그리고 무릇 선언이란, 형식의 차원에서 보자
면, 대화보다는 독백에 가깝다. 다시 말해, 비록 대화극을 쓰
긴 했지만 실제로 슈미트는 대화를 시도하거나 그 형식을 승

인한 것이 아니다. 다만 저 '마지막 말'에 한층 큰 울림을 주기 위해 대화의 형식을 변통한 것일 뿐이다. 그러나 이 변통은 불가피했다. 왜냐하면 '모든 인간 권력의 본질적인 현상'인 투쟁을 지배하는 것은 결국 대화의 형식이기 때문이다. 권력의 대기실, 권력의 복도는 통상 대화로 채워지기 마련이다. 그리고 권력을 지향하는 대화는 부득이 아이러니와 음모로 점철될 수밖에 없다. 이미 보았거니와, 이런 권력의 아이러니 앞에서 슈미트의 '자기 아이러니'는 한없이 무기력했다. 그리고 슈미트는 이 사실을 잘 알고 있었다. '마지막 말'을 확정하기 전 C. S.는 이렇게 말한다. "권력이 없는 자에게 저는 이렇게 말하겠습니다. '권력을 갖지 못했다는 이유로 자신을 선한 사람으로 착각하지 마십시오.' 그리고 권력을 갖지 못한 탓에 고통받는 자가 있다면, 그에게 저는 이 사실을 상기시켜 주겠습니다. '권력에의 의지는 쾌락에의 의지 혹은 항상 더 많은 것을 탐하게 만드는 여러 재물을 향한 의지와 조금도 다를 바 없이 자기 파괴적입니다'"(p. 52). 이것은 늙은 수력학자가 (과거의) 그을린 자기 자신을 향해 (덧없이) 건네는 말이기도 했을 것이다. 하지만 어쨌든 이것은 슈미트의 '마지막 말'이 아니었다.

6. 질문에 대한 질문

슈미트의 '마지막 말'에는 매우 의미심장한 부사어가 하나 들어 있다. '그럼에도 불구하고'가 그것이다.[27] 이 부사어는 노년의 슈미트가 아이러니와의 투쟁을 아직 끝내지 않았음을 가리키는 증표라고 할 수 있다. 분명히 그는 '인간은 인간에 대해 인간'이라는 정치인간학적 근본 명제가 실로 무시무시한 아이러니를 품고 있다는 사실을 누구보다 잘 알고 있었다. 왜냐하면 이 명제는 한때 그 자신이 격렬히 비판했던 낭만주의의 음모를 비단 긍정할 뿐 아니라, 심지어 부추길 수 있는 말이기 때문이다. 바꿔 말하자면, 낭만주의의 아이러니는 옥중의 그를 깊이 감동시켰던 '유일자'의 에고이즘과 거의 동일한 것이다. '현실적인 아이러니'에 대한 충격과 '끔찍한' 죄의 고백을 기록한 일기의 뒷부분에서 슈미트는 이렇게 말한다. "슈티르너를 논박할 수 없는 이유는 실제의 자아들이 저마다 사리에 맞게 아이러니의 무기를 다룰 수 있기 때문이다. 자아 철학Ich-Philosophie의 시대에 이 자아는 모든 공격을 초월한다. [⋯] '자아'의 무한한 다의성은 그에게 무한한 아이러니의 은신처와 도피처를 허용한다."[28] 슈티르너를 은밀히 좋아했지

---

27 독일어 원문에는 'doch'와 'trotzdem'이라는 두 개의 부사가 함께 쓰였지만, 맥락과 어감을 고려하여 하나의 부사어로 합쳐서 '그럼에도 불구하고'로 번역했다.

만, 그럼에도 슈미트는 그가 설치한 아이러니의 덫에 걸려들고 싶지 않았다. '인간은 인간에 대해 인간'이라는 것이 그의 '마지막 말'이냐는 청년의 물음에 슈미트가 단호하게 선을 그은 것은 바로 이런 이유에서다. '그럼에도 불구하고'를 눈여겨보아야 하는 까닭도 마찬가지다.

이 부사어는, 비유하자면, '마지막 말'의 핵심어인 '결단'을 가능하게 하는 일종의 도약판이다. 그렇다면 슈미트의 결단은 무엇 혹은 어디를 향한 도약인가? 이 질문에 대한 답은 '마지막 말'로부터 4년 후 슈미트가 집필한 또 한 편의 대화극 「새로운 공간에 대한 대화」에서 찾을 수 있다. 여기서 슈미트는 ('늙은 남자'라는 뜻의) '알트만Altmann'이라는 새로운 가명으로 등장하여 '노이마이어'와 '맥퓨처'라는 가공의 두 인물과 대화를 나눈다. 슈미트의 목표 지점은 알트만의 마지막 대사를 통해 드러난다.

A.　두 분 모두에게 정말로 감사합니다. 저를 위해 뭔가 새로운 걸 기원해 주실 필요는 없습니다. 당신들도 잘 아실 테지만, 저는 대지와 더불어, 대지 위에 머무를 겁니다. 저에게 인간이란 대지의 아들이고, 그가 인간인 한에서 계속 그렇게 남을 겁니다. […] 분명

28　Schmitt, *Glossarium*, p. 22.

두 분은 괴테의 『파우스트』 제2부가 어떻게 시작되는지 잘 아실 겁니다. 밤사이 끔찍한 악몽에 시달렸던 파우스트가 잠에서 깨어나 새롭게 동트는 대지를 바라보며 행복을 느끼는 장면으로 시작되죠. 덕분에 파우스트는 위로를 받고 새로운 기운을 얻습니다. 그래서 그는 이제 막 그에게 열린 새로운 세계를 향해 인사를 건넵니다. 이렇게 멋진 시구로 말이죠.

너, 대지여, 간밤에도 끄떡없었구나.

저도 그렇게 믿습니다. 핵폭탄의 위협이나 그에 버금가는 어떤 끔찍한 상황이 펼쳐지더라도 그 어두운 밤이 지나고 새 아침이 밝아오면, 잠에서 깬 인간은 여전히 굳건한 대지를 바라보며 대지의 아들로 태어난 사실에 새삼 고마움을 느낄 거라고 말입니다. (pp. 109~11)

슈미트의 결단은 대지를 향한, 그리고 대지를 위한 결단이다. 다시 말해, 그는 자신의 존재 전부를 땅에 의탁함으로써 아이러니의 '무시무시한 가능성'을 억누를 수 있다고, 아니 적어도 피해 갈 수 있다고 믿었다. 따라서 이제 우리는 슈미트의 정치 인간학이 무엇이며, 또 이것이 그의 기독교 신앙과 어떤 관계를 맺고 있는지 잠정적으로 규정할 수 있다. 대지를 향한 깊은 신뢰, 바로 이것이 슈미트가 신봉한 로마 가톨릭주의의 핵심 사상이며, 또한 그가 구상한 정치인간학의 근본 전제다.

사실 1920년대 중반에 그는 이미 자신의 신앙을 '토착주의terrisme'로 규정한 바 있다.[29] 그러나 청년 슈미트에게 로마 가톨릭교회가 다른 어떤 세속 권력도 감당할 수 없는 어떤 신비로운 '대표'의 형식을 구현하는 정치체였다면, 노년의 슈미트에게는 그런 환상이 조금도 남아 있지 않았다. 이 환상이 사라지고 텅 빈 자리를 그는 한층 급진화된 '토착주의'로 채우려 했다. 그에게 로마는 가톨릭교회의 성지가 아니었다. 「감방의 지혜」에서 그는 이렇게 말한다. "공간Raum과 로마Rom는 [사실상] 같은 단어다."[30] 말인즉슨, 로마는 정통 기독교에서 주장하는 구원과 종말의 시간성과는 전혀 무관하며, 오직 대지Erde의 상징일 뿐이라는 뜻이다. 슈미트는 하늘의 (초월적인) 신을 땅이라는 (정치적인) 신으로 교체하려 했다. 이 가공할 교체 작업의 한 장면을 우리는 「새로운 공간에 대한 대화」에서 발견할 수 있다. 한 번 더 알트만의 이야기를 들어보도록 하자.

---

29   Carl Schmitt, *Römischer Katholizismus und politische Form*,
      München: Theatiner, 1925, p. 15.
30   Schmitt, *Ex Captivitate Salus*, p. 90.

A.　노이마이어 씨, 성서는 처음부터 끝까지 땅과 바다의 대립을 다룹니다. 성서는 그야말로 이 대립에 관한 이야기로 가득 차 있어요. (p. 60)

A.　신약성서에서는 그리스도가 바다 위를 걷지요. 리바이어던을 제압한 것입니다. 하지만 바로 이 사실로부터 신약성서에서도 바다는 뭔가 섬뜩한 것, 악한 것으로 표상된다는 결론이 도출됩니다. [신약성서의] 마지막 책, 성 요한의 「묵시록」 결말 부분에 새 땅이 어떤 모습인지 묘사되어 있지요. 죄악을 벗고 정결해진 땅의 모습이 그려져 있습니다. 성 요한의 「묵시록」 제21장에는 이렇게 기록되어 있습니다. "나는 새 하늘과 새 땅을 보았습니다. 이전의 하늘과 이전의 땅은 사라지고 바다는 없어졌습니다." 들으셨지요? 바다가 없어졌다는 겁니다! 정결해지고 성스러워진 대지에는 대양이 존재하지 않는 것입니다. 죄악과 더불어 바다도 사라지는 겁니다. 이것이 신약성서의 결말입니다. 모세의 첫번째 책에 나오는 창조 설화에서 성 요한의 「묵시록」의 결말에 이르기까지 성서는 땅과 바다의 대립을 견지하고 있습니다. (p. 65)

(그렇게 명명할 수 있다면 말이지만) 그의 고해성사와 마찬가지로, 슈미트의 성서 해석 역시 로마 가톨릭주의의 이른바 정통 교리와는 전혀 아무런 접점이 없다. 여기서 슈미트는 그리스도의 수난에 대해서는 일언반구도 하지 않는다. 그에게 구세주란 십자가와는 전혀 무관하게 다만 바다라는 사악한 괴물을 물리친 자로서만 중요성을 갖는 존재다. 노년의 슈미트는 '친구와 적의 구분'보다는 땅과 바다의 상호 적대에 더 큰 관심을 쏟는다. 그러나 후자는 전자를 폐기하지 않는다. 그것은 (헤겔적인 의미에서) '정치적인 것'을 지양한다.

또한 우리는 슈미트의 적의가 대화에서 바다로 차원 이동했음을 알 수 있다. "정결해지고 성스러워진 대지에는 대양이 존재하지 않는 것입니다. 죄악과 더불어 바다도 사라지는 겁니다." 그런데 흥미롭게도 현실 정치의 영역에는 대화와 바다를 아우르는 하나의 이름이 존재한다. 그것은 영국이다. 영국은 의회주의의 본산인 동시에 역사상 최초로 지구상의 거의 모든 바다를 제패한 해양 제국이다. 영국에 대해 알트만은 이렇게 말한다.

A. 이 맥락에서 특히 비극적인 것은 프랑스의 역사입니다. 새로운 대양의 외침을 프랑스 선원들보다 더 또렷하게 감지한 민족은 없을 겁니다. 이들보다 더 대담하게 그 소리를 따르려고 한 민족도 없을 겁니다.

하지만 프랑스는 17세기에 로마 가톨릭주의를 따르기로 결단합니다. 그리고 당시에 이것은 곧 땅과 대지를 향한 결단을 뜻했습니다. 모든 유럽의 발견자들은 오로지 땅만 취득했습니다. 오직 영국만이 위대한 도약을 감행했고, 땅에서 바다로의 이행, 육지적 실존에서 해양적 실존으로의 이행을 완수했습니다. (pp. 89~90)

"해양적 실존으로의 이행을 완수"한 영국에 대해 슈미트가 적개심을 품었다는 사실에는 의심의 여지가 없어 보인다. 그러면 반대로 "땅과 대지를 향한 결단"을 감행한 프랑스에 대해 그는 어떤 감정을 느꼈을까? 우선 동질감을 느꼈을 가능성이 크다. 왜냐하면 프랑스의 결단은 동시에 로마 가톨릭주의를 향한 충성심의 발로였기 때문이다. 하지만 그게 다였을까? 다른 더 복잡한 감정이 개입하지는 않았을까? 이 물음에 대해서는 인용문의 첫 문장이 결정적인 단서를 제공한다. 슈미트는 프랑스의 역사를 '비극적인 것'으로 규정한다. 어째서 비극적인가? 영국에 패배했기 때문이다. 다시 말해, 세계를 지배하는 데 성공한 국가는 프랑스가 아니라 영국이었기 때문이다. (「새로운 공간에 대한 대화」에 등장하는 세번째 인물 맥퓨처는 영국이 아닌 미국을 대변하는 인물인데, 슈미트의 관점에서 미국은 단지 영국의 계승자, 또는 확장된 영국에 지나지 않는다.) 하지만 누구나 알고 있듯이 프랑스만 패배자였던 것은 아니다.

프랑스보다 훨씬 더 처참하게 영국에 패배한 국가가 바로 슈미트의 모국, 독일이다. 그리고 독일인 알트만, 아니 슈미트는 친구와 적의 구분, 땅과 바다의 대립 따위와는 비교할 수 없을 정도로 오묘한 한 가지 통찰을 제시한다.

A. 역사적 감각 덕분에 저는 반복에 기만당하는 일이 없습니다. 보세요, 맥퓨처, 우리 독일인들은 1914년 제1차 세계대전을 시작했습니다. 그때 우리는 1870~71년 전쟁처럼 결국 승리할 거라고 굳게 믿었습니다. […] 인간에게는 자신이 경험한 가장 가깝고 위대한 역사적 사건을 영원한 것으로 만들고 싶은 욕망, 도저히 거스를 수 없는 욕망이 있습니다. 다름 아닌 역사적 감각을 갖춘 덕에 저는 그런 재탕 욕망을 경계할 수 있습니다. 저의 역사적 감각은 무엇보다 모든 위대한 역사적 사건은 반복 불가능한 일회성을 지닌 것이라는 사실을 저에게 [거듭] 상기시켜 줍니다. 하나의 역사적 진리는 오직 한 번만 참됩니다. 새로운 시대가 준비하는 역사적 부름, 역사적 도전 역시 오직 한 번만 참됩니다. 따라서 일회적인 부름에 대해 주어지는 역사적 응답 또한 오직 한 번

만 참되고, 오직 한 번만 옳습니다. 이 사실을 항상 유념하고 있기란 쉬운 일이 아닙니다, 맥퓨처. 역사적 부름과 그에 대한 올바른 대답에서 출발한 시대가 [당대 사람들에게] 남기는 인상은 너무나 강렬합니다. 그리고 무엇보다, 자신의 승리 역시 오직 한 번만 참되다는 사실을 승리자 자신이 파악하기란 [결코] 쉬운 일이 아닙니다.[31] (pp. 104~105)

직접 그렇게 표명하지는 않았지만, 우리는 이 말을 알트만의 '마지막 말'로 간주할 수 있다. 그리고 어쩌면 이 언급을 통해 슈미트는 자신의 예전 '마지막 말'을 갱신하고 싶었을지도 모른다. 그게 아니라면, 적어도 보완하려는 생각 정도는 품었을 것이다. '역사적 사건은 반복 불가능하며, 역사적 진리는 오직 한 번만 참되다.' 이것은 슈티르너의 에고이즘을 논파할 수 있는 유일한 논변일 것이다. 그뿐만이 아니다. 역사적 진리의 유일회성唯一回性 앞에서는 친구와 적의 구별도, 심지어 땅과 바다의 대립도 사실상 무상한 것이 되고 말 것이다. 알트만

31   역사적 진리의 유일회성이라는 독특한 범주를 제출하면서 슈미트가 염두에 두었을 논적論敵은 아마도 키에르케고르와 니체일 것이다. 전자의 반복Wiederholung 개념과 후자의 '동일한 것의 영원 회귀die ewige Wiederkunft des Gleichen' 개념은 역사성Geschichtlichkeit의 문제를 철저히 사유하기 위해서는 결코 회피할 수 없는, 그리고 회피해서는 안 되는 관념이다.

의 입을 빌려 슈미트는 이 엄청난 사태를 다음과 같이 요약한다. "다만 이제 우리가 파악해야 할 사실은 완전히 새로운 질문들을 제기해야 한다는 점, 그리고 이 새로운 질문들을 제대로 인식하기 위해 주의를 기울여야 한다는 점입니다. 바꿔 말하자면, 우리는 '새로운 질문이란 무엇인가'라고 물어야 한다는 것입니다. 이 문제를 조금 첨예한 방식으로 표현해도 된다면, 우리는 '질문이란 무엇인가'라는 질문 앞에 서 있습니다"(p. 78). 질문에 대한 질문, 바꿔 말해 '질문이란 무엇인가Was ist Frage?'라는 질문, 이것은 분명 아이러니다. 그것도 그저 평범한 아이러니가 아니라, '인간은 인간에 대해 인간'이라는 극한의 아이러니마저 초과하는 무시무시한 아이러니다.[32] 제아무리 강건한 '대지의 아들'이라 해도 '질문에 대한 질문'이라는 궁극의 아이러니 앞에서는 결코 안전할 수 없을 것이다.

---

32   이에 대해서는 철학자 베르너 하마허의 다음 언급을 참조할 수 있다, "'질문이란 무엇인가'라고 묻는 사람은 자신이 무언가를, 그러니까 '질문하기'라 불리는 무언가를 하고 있거나 아니면 그 일이 일어나게 만들고 있다는 사실daß에 대해서는 좀처럼 의심할 수 없다"(베르너 하마허, 『문헌학, 극소』, 조효원 옮김, 문학과지성사, 2022, p. 126).

7. 마지막 질문

패배한 독일인 슈미트는 로마 가톨릭주의를 가장한 토착주의를 굳건히 신봉하고 싶었지만, 그렇게 하지 못했다. 정치의 영역에서처럼 종교의 영역에서도 그는 끝내 좌절한 문제적 개인이었다. 바로 이 지점에서 슈미트의 정치인간학은 다시금 정치신학과 합류한다. 자신의 생애 마지막 저서인 『정치신학 2』에 대해 슈미트는 이렇게 말한다. "문제와 주제의 차원에서 나의 1922년 저작 『정치신학』을 확장하는 이 책은 16세기 개혁법jus reformandi과 더불어 개시된 후 헤겔에게서 정점에 이르렀고, 오늘날에 와서는 어디서든 감지할 수 있는 전반적인 흐름을 추적하는 작업을 담고 있다. 즉 이 책은 정치신학에서 정치기독학Politische Christologie으로의 이행을 다루는 책이다."[33] 사실 슈미트는 이미 1950년에 쓴 한 서평에서 이렇게 주장했다.[34] "본질적 핵심을 두고 볼 때 기독교Christenheit란 […] 점유할 수도 전유할 수도 없는 무한한 유일회성의 역사적 사건이다."[35] 즉, 슈미트에게는 기독교 역시

33   Carl Schmitt, *Politische Theologie II*, Berlin: Duncker & Humblot, 2008, pp. 10~11, 강조는 원저자.

34   이 서평은 철학자 칼 뢰비트Karl Löwith의 화제작 『역사의 의미』를 읽고 쓴 것이다. 슈미트와 뢰비트 사이에는 흥미로운 논쟁의 역사가 존재한다. 언젠가 이 역사를 다룰 기회가 있기를 기대한다.

35   Carl Schmitt, "Drei Möglichkeiten eines christlichen

'역사적 진리의 유일회성'이라는 기준에서 제외되지 못하는 것이다. 아니, 더 정확히 말하자면 기독교는 그 기준의 기원이자 범례다. 바로 이 사유를 토대로 슈미트는 '정치기독학'이라는 새로운 표현을 고안한 것이다.

따라서 관건은 결국 예수 그리스도를 어떻게 볼 것이냐에 달려 있다. 앞서 보았듯이, 슈미트는 그리스도가 십자가를 통해 약속한 구원을 믿지 않았다. 그러나 그는 리바이어던에 대한 예수의 승리에 가히 절대적인 가치를 부여했다. 1948년 1월 23일 자 일기에 슈미트는 이렇게 적었다. "기분과 감정이 요동칠 때면 나는 성호를 긋는다. 그러면 그리스도께서 바다 위를 걷는 모습이 보인다."[36] 두 번씩이나 영국에 패배한 독일의 로마 가톨릭 신자로서 슈미트는 이 기도를 통해 영국(과 미국)이 사라진 세상을 염원하고 있다. 그러나 같은 일기에서 그는 '새 땅'을 향한 희망 대신 '최후의 공간'에 대한 절망적인

Geschichtsbildes"(1950), Alexander Schmitz and Marcel Lepper, *Hans Blumenberg Carl Schmitt Briefwechsel 1971-1978*, Frankfurt am Main: Suhrkamp, 2007, p. 165.

36　Schmitt, *Glossarium*, p. 67. 슈미트 연구 분야에서 전 세계적으로 가장 큰 논쟁을 유발한 독일 철학자 하인리히 마이어Heinrich Meier에 따르면, 슈미트의 사상은 모종의 계시 신앙Offenbarungs-glaube에 뿌리를 둔 것이다. 그러나 마이어는 그 계시의 내용이 무엇인지는 특정하지 않는다. Heinrich Meier, *The Lesson of Carl Schmitt*, Chicago: The University of Chicago Press, 2011, pp. 66~121 참조. 우리는 슈미트의 이 진술을 토대로 하여 슈미트의 계시 신앙이 구체적으로 어떤 내용인지를 짐작해 볼 수 있다.

심정을 토로한다. "나는 최후의 공간, 즉 나의 무덤을 본다. 나는 그것이 소멸하는 광경을 본다. 나의 고향, 그곳의 강물, 모든 것이 파괴되었다. 그러나 나는 내 고향을 붙잡고 버틴다. 나는 내 고향과 함께 몰락할 것이고, 내 고향은 나와 함께 몰락할 것이다. 내 삶의 비밀Arcanum."[37] 혹시 이것은 '상처받은 양심의 표현'일까? 아마도 슈미트는 그렇게 생각했을 것 같다. "그러나 양심은 심급Instanz이 아니라 심연Abgrund이다."[38] 다시 말해, 양심은 그 자체로 신을 상대로 사기를 칠 수 있는 능력이다. 양심은 아이러니의 잠재성이다. 그리고 모든 '인간은 인간에 대해 인간'인 고로, 오직 각자의 양심만을 건사할 수 있을 뿐이다. 슈미트 역시 마찬가지였다. 살아서 이미 유령이었던 이 수력학자는 죽어서도 끝내 로마의 화재를 진압하지 못했다. 그러므로 이 마지막 질문은 '오직 한 번만 참된' 모든 '역사적 진리'에 끝까지 저항한다. '누군가가 일단 아이러니를 감행하고 나면, 무엇이 남게 되는가?'

37   Schmitt, *Glossarium*, p. 67.
38   같은 책, p. 350.